文春文庫

高峰秀子の言葉

斎藤明美

文藝春秋

高峰秀子の言葉　目次

高峰秀子の言葉

人はあんたが思うほど、
あんたのことなんか考えちゃいませんよ

高峰が死んで、半年が経《た》った。

今でもまだ私は、高峰がもうこの世にいない事実を実感できないままでいる。頭では理解していても、感覚としての確たるものがない。

「高峰にもしものことがあったら自分は生きていかれない」――かつて高峰に明らかな老いを見た時、私は思った。そして戦慄《せんりつ》した。だが高峰が老いてゆくにつれて、このフレーズは呪《のろ》いの言葉のように私にまとわりつき、そのたびに私は追い払い、打消し、いつかは必ず訪れるその日を、ないことのように忘れようとしてきた。

高峰のいない世界に、一体何の意味がある。

だが、高峰がいない世界を、半年も、私は生きてきたのだ。

高峰がいた時と同じように物を食べ、風呂に入り、寝て起きて、原稿を書いて、時には高峰のことを講演で喋《しゃべ》ったりしている。

いけしゃあしゃあと生きているじゃないか。

何が「生きていかれない」だ。

私は心の内で半分、自分を軽蔑しながら、生きている。

だが、〝半分〟しか軽蔑していない。

残りの半分は、明らかに自分を正当化している。無理もないと思っている。

生きるのをやめないまでも自暴自棄にもならず、存外図太く生きているのはなぜだろう。

昔、誰かが言った。「葬式や初七日、四十九日という儀式は、残された者に悲しみに浸《ひた》る暇《いとま》を与えぬためにある」。

高峰は葬儀をしなかった。初七日も四十九日も関係ない。

たぶん、それらの決まり事は象徴としての〝引き止め〟であり、大切な人を失った人間をこの世に繫《つな》ぎ止める方策の一つなのだろう。

死者を弔《とむら》う煩雑《はんざつ》な儀式に代わる何かがあれば、それが残された者に生を強《し》いるものでありさえすれば、何でもいいのだ。

私を繫ぎ止めたものは、松山善三だった。

高峰が残していった「父」だった。

そして膨大な雑事。忌々《いまいま》しいほどの手続きや約束事だった。

しかし、もう一つ、私を強く引き止めたものは、高峰が残してくれた仕事である。

高峰を書くこと。

私が「やりたい」と思い、高峰が「やりなさい」と励ましてくれた仕事。

これから始まるこの連載もその一つである。

「こんなのもあるよ」

まだ病が発覚するずっと前、すこぶる元気だった高峰は、連載が決まると、自らが好んで口にする幾つかの言葉を、進んで紙に書きつけてくれた。

その鉛筆のメモ書きが、今もある。

痛いほど懐かしい、高峰の字である。

だがそれを見なくても、高峰が新たな言葉を授《さず》けてくれなくても、私の中には既に高峰秀子の言葉が溢《あふ》れていた。それを発した時の目の色や仕草と共に、何一つ失われずに私の中に蓄積《ちくせき》されていた。

それらが、高峰が死んだ後、仕事とは無関係に、自分でも意外なほど日々の出来事の中で甦《よみがえ》ってきた。

恐らくこれが、私に「高峰が死んだ実感がない」と思わせているのだと思う。

たとえば母親を失った子供に、父親が言い聞かせる。「お母さんはいつまでもお前の中に生きているんだよ」。夫を失った妻が「あの人は私の中に生きている」と思う。

自分の中でその人が生きているとは、一体どういうことなのだろうか。

面影か、出来事としての思い出か。

私の場合は、言葉だった。

穏やかに晩年を過ごしていた高峰がサラリと口にした言葉。数えきれないほどの言葉。厳密に言えば、その言葉をとば口にしたその場の光景、空気……。言葉はそれら全てを解き放つ鍵となって私の中に仕舞われている。一つ一つが高峰秀子そのものであり、彼女の人生と生き方と価値観と感性と、そして姿となって甦ってくる。

教えるつもりもなく教えられ、心構えもなくごく当たり前の日常に高峰と私が交《か》わした会話の中に登場した言葉である。

三十年近くも前、珍しくテレビのトーク番組に出演した幸田文氏が言っていた。

「父・露伴《ろはん》の言葉は楔のように効いてくるんです」。

「クサリですか?」、聞き返す女司会者に幸田氏はわずかに表情を曇らせて聞いた、「ご存じありませんか? 楔」。「あ、クサビ」、慌てて、聞き間違えた素振りをしたが、「効いてくる」に「鎖」が陳述するはずがない。その時から私はその女司会者を怪しむようになったのを覚えている。

高峰の発した言葉は、生きていた時も、死んでしまった今も、きしきしと、安普請《やすぶしん》の私に効いてくる。

この半年間、様々なことがあった。

高峰が普通の老人なら起こらなかった、その高峰が私の母にならなければ絶対に体験しなかったことを、私は体験した。

人が、ひとたび常とは違うことに遭遇するとどんな顔を見せるか、知った。掌《てのひら》を返したように松山家から離れていった人、急に松山家に近づいてきた人。高峰亡き後の松山家には用なしと思ったか、高峰秀子という怖い存在がいなくなり松山なら与《くみ》し易《やす》しと思ったか……。高峰不在の前も後も同じように接してくれた人は殆どいなかった。

「松山さんがお元気かどうか心配なので、お声を聞きたい」「是非会いたい」「お悔《く》やみが言いたい」「思い出を語り合いたい」、高峰が入院中から不通になっていた電話をしょうことなしに復旧させた途端、こんなメッセージが次々に留守番電話に入るようになった。

好意だろう。好意だと思う。

だが私はメッセージを再生しながら、心の中で相手に答えた。「声を聞きたいのも、会いたいのもあなたの欲求でしょう。声を聞いて何を話すんですか？　あなたの欲求を満たすために、なぜ松山が辛《つら》い思いをしなければいけないんですか？　なぜ電話なのですか？」

その人の声が聞きたいと思う人にはこちらから電話して松山が話している。

悪意のない罪は人を傷つける。

そんな半年の間、繰り返し浮かんだ高峰の言葉がある。

「人はあんたが思うほど、あんたのことなんか考えちゃいませんよ」

これは十数年前、私が職場の人間に陰湿な噂《うわさ》を立てられ、小さな子供のようにぐずぐずと高峰に泣き言を言った時、高峰が一言応えた言葉である。

その時は「他人は深い気持ちで言っているのではないから、聞き流しておけ」ぐらいの意味にとっていたが、時間が経つにつれて、それだけの意味ではないように思えてきた。

この時、高峰はたまたま私に向かって「あんた」と言ったが、この「あんた」は誰でもない全ての人を指している。

そして状況が逆の場合にも当てはまる。

つまり、悪意でなく、一般的に「好意」と見えること、もっと言えばこちらが嬉しいと感じる他者の発言や行いでさえ、「人はあんたが思うほど、あんたのことなんか考えちゃいませんよ」。

猜疑《さいぎ》とも言える。しかし、高峰が意味したことはそんな表面的なことではない、もっと達観した静かな覚悟だったと、今は確信できる。

人がどこまで他者を慮《おもんぱか》れるのか。自分以外の人間の悲喜にどこまで寄り添えるのか。

そこにはおのずと限界がある。

その限界がどこら辺にあるのか、正直に限界を見せるか、限界などないふりをするのか、その違いが人を分ける。

恐ろしいことに、人の言動は少なからず真実を伝える。まるで名優と大根役者のそれのように、実《じつ》があるかどうか、観る側に伝わってしまう。

そのよって立つところが悪意であれ好意であれ、「そう期待するな」。高峰の言葉はそうも言い換えられる。

相手の悪意や好意をそれ以上に解釈してしまう私の幼さに、高峰は一言、クギを刺した。

解釈が正しいか正しくないか、もう高峰に確かめることはできない。だが残された言葉を懸命に読み解こうとすることが、常に実を言い放った高峰への、私にできる唯一の弔いである。

苦労は、磨《みが》き粉《こ》みたいなもんだね

「苦労は、磨《みが》き粉《こ》みたいなもんだね」

この人はなぜこうもサラッと、凄《すご》いことが言えるのだろう。

その時、私は、改めてまじまじと高峰の顔を見た。

高峰はいつもと同じ穏やかな顔をして、ゆったりと煙草《たばこ》を吸っていた。

それは、ある連載のために私が高峰の少女時代について聞いていた時、つい二年ほど前の午後だったと思う。

「磨いてる時は痛いけど、きれいになるよ」

次にそう言って、高峰は微笑んだ。

それが実に見事な笑みだった。

笑みに見事というのは妙な表現だが、しかし高峰のその時の笑顔は、まるで戦《いくさ》を終えた武将が、重い鎧兜《よろいかぶと》を脱ぎ捨てて、その辺の岩にでも腰をおろしてほっと一服、煙草をつけた、そんな図を私に思い描かせたのだ。

いとも満足。そう私には思えた。

恐らくその武将は百戦に錬磨《れんま》され、その身体には数多《あまた》の傷跡があるだろう。しかしそんなことは露《つゆ》ほども感じさせず、静かに微笑んでいる。

勝利の驕《おご》りとは違う、ただ自身の成すべきことを粛々《しゅくしゅく》とやり遂げた充足感。

　高峰の人生そのものである。

　職業も環境も学業の機会も、何一つ選択する自由を与えられず、五歳の時からひたすら血縁という名の大人達のために五十年、全身全霊で好まぬ仕事を続けた人の、やり遂げた末に見せた一瞬の笑顔だったと、今になると感じる。

「苦労した人って、いいね」

　かつて俳優の緒形拳氏について私が書いた記事を読んで、高峰は一言、そう言ったことがある。

　私が高峰を知ってから二十余年、恐らく、彼女が「苦労」という言葉を口にしたのは、この時と先の、二度だけだったと思う。

　苦労というのは子供の頃、少なくとも青年時代までに経験したことを言うのだと、私は思っている。壮年以降のそれは、どこかしらに必ず当人にも責任の一端があると思えるからだ。離婚にしても金の問題にしても。そんなものは苦労とは呼ばない。

　生まれ育った時代や環境、家庭の事情、肉体的な障害、そういう、その人自身には何の責任もない、そしてどうにも抗《あらが》いようのないものを背負った少年少女が、その不本意にも背負わされたものをどのように捉《とら》え、潰《つぶ》されずに大人になっていくか。それが本当の苦労だと私は思っている。

そして苦労人には二通りある。

自分が苦労したから他人の傷《いた》みがわかる人。自分が傷めつけられたから、他人にも棘《とげ》を出す人。

軍隊で殴られ続けた二等兵が、後から入ってきた新兵を殴るか、できるだけ殴るまいとするか、その違いに似ている。

「磨き粉」と表したように、高峰は、苦労を負の要素だとは思っていない。もちろん賛美もしていない。ましてや多くの人が肩に力を込めて、時には涙さえ見せながら「この苦労が今の私を作りました」とぶち上げるような浪花節《なにわぶし》的神経もない。

悪《あ》しきことも善きことも、ただ自身が遭遇した出来事として捉えている。

高峰は、運命に逆らわなかった人である。

ある時代まで大半の日本人がそうだったように、置かれた環境と与えられた境遇を受け入れ、その中で、自身の「分」と向き合ってきた人だ。

だが高峰には、それに加えて、ある珍しい特性があった。

自身が体験してきた一般的には「苦労」と呼ばれる事柄を、自分という人間とは切り離したところで捉えることができたということである。

これは「苦労」に限らず、高峰秀子という人のものの考え方全てに見られる特徴と言える。

「他人事のように」とも違う、あるいは「客観性を持って」よりもさらに向こうにあるもの。冒頭の言葉を聞いた時、思わず私が心の中で「あッ」と声を上げたのは、たぶんそれが原因だと思う。

〃普遍性〃である。

高峰が先の言葉を発した奥には、もちろん長い百戦錬磨があったからに他ならないのだが、しかしその言葉を発した時の高峰は、それを〃我がこと〃として口にしていない。少なくとも私は確かにそう感じた。

もし他の誰かが、例えば私が芸能人にインタビューしていて、その人が「苦労は磨き粉みたいなもの」と言ったとしても、私は心の中で叫ばなかっただろう。

殆どの人間は「苦労」を〃我がこと〃として語る。だから当然「磨き粉」をその艱難《かんなん》辛苦《しんく》の果てに得た血と涙の結晶と考え、その言葉の受け手であるこちら側にもそれとして語り、時には「有難く賜れ」と無理強いする。つまり自分の戦利品として「磨き粉」を見せびらかすのである。

そこにあるのは「私」「僕」「俺」……。「己《おのれ》」ただそれだけである。

「己」を出ぬところに普遍性はない。

一旦「己」のものにした上で、昇華して、誰のものでもないものとして存在する、そして自分以外の人間がそれに触れた時にその存在を自然に認めてしまう、それが普遍ではないだろうか。

己の記憶としての苦労は、ただそれだけのものである。

心底苦労した人間は、その苦労を涙なしに語る。

高峰は、涙どころか、感情さえなしに語る。

そこに「己」がないからである。

高峰の考え方や感じ方の特徴は、もっと厳密に言えば、そこに「私」がないことだ。

「無私」であること。

あらゆる言葉やフレーズをどうかすると無機質なほどの冷静をもって発するのだが、そこに厳然としてある高峰秀子の表情と空気と音声が、無機質とは対極にある生身の人間を感じさせる。

彼女は、自分の体験を一度は思い切り自身の奥深くまで取り入れて、その上で、自分という人間とは無関係と思えるほど、無機質になる一歩手前の位置まで置き去りにすることができるのだ。それでいて、体験を語る言葉が決して本人と遊離していない。

その場の思い付きや、その言葉を聞く側の心を動かしてやろうという作為が少しでもあれば、言葉は語り手から遊離して、受ける側は鼻白《はなじろ》む。

たとえば、人間の資質を表すある要素が、色彩のグラデーションのように、濃いほうから薄いほうへ、あるいはその逆から逆へ、一つの円で描かれるとしよう。するとその資質の要素は、極まれば極まるほど、相反する要素と近くなる。そして究極は、円の出発点と終着点が紙一重になる。

高峰秀子という人間の、考え方だけでなく、〝性質《たち》〟そのものが、極まりすぎて、紙一重であるように、私には思える。ずっとそう感じてきた。

慈愛《じあい》と冷酷、静と動、熱情と冷静……。あらゆる対極的な要素が、どちらがその出発点かそれは私にもわからないが、高峰秀子という一人の人間の中で見事な円形として成り立っている。

高峰が「私は人間嫌い」という言葉を口にするたびに、私は「そうかもしれないね」と言い、また「違うと思うよ」と答えてきた。

今思うと、私の答えは両方とも正しかった。

彼女の「人間嫌い」は人間へのあくなき愛情がたどりついた、帰結に他ならないからだ。

だから高峰は、非常に特異であり、同時にまた、普遍である。

高峰秀子を磨いた粉は、耐えがたいほど粒が荒く、その身に痛かったはずだ。

肉親の愛情というものを一切与えられなかった人間の、渇きと切なさと孤独を、あるいは苦渋を、高峰は黙ってごしごしと独りで肌身にこすり続けてきたのだ。

そして八十をとうに過ぎたある日、言うてもわからぬかもしれない子供ほど歳の離れた私に、ポツリと言った。

「苦労は、磨き粉みたいなもんだね」

やはり、あの時の高峰の笑顔は、あまりにも見事だった。

わかる人は言わなくてもわかる。
言わなきゃいけない人は、
言ってもわからない

「わかる人は言わなくてもわかる。言わなきゃいけない人は、言ってもわからない」

正確に言うと、これは、前半部を高峰が口にした時、私が後半部を続けて出来上がった言葉である。

だがもっと正確に言えば、私が後半の言葉を言い始めると同時に高峰の唇が動き、しかし私の言葉を聞いて、彼女は音声に出すのをやめ、ただニッコリと私に向かって頷《うなず》いたというのが実際だ。

つまり私が黙って聞いていれば、まるごと高峰がこの言葉を言ったのである。

高峰と話しているとよくそういうことがあった。二人で同時に同じことを言うのである。と言っても、私に高峰のような核心を突いたことが言えるはずもなく、形容詞や人名、映画の題名という単語程度であるが。だから高峰と会話をすると、ポンポンとテンポよく話が進み、速いラリーが続く卓球のようだった。

だが、松山は違った。

「だいたい君の生活態度は……」

三人で夕食の卓についている時、松山がその殆ど無声音に近いハスキーボイスで私に向かってゆっくり語り始めると、決まって高峰が割り込んだ。正反対に滑舌の良い、朗々《ろうろう》たる音声で。

「そこに問題があります」

この時も、高峰がすぐに後を続けた。

「秀さん、僕が喋ってるんですよ」

松山が渋面《じゅうめん》になる。

そんな時、高峰は、授業中に先生から注意された小学生のように「あ、いけない」という顔をして、

「ごめんなさい」

すぐに謝る。そして卓上におかずを並べ始める。

「だからその生活態度というものをもっとだね……」

しかし、ひとたび松山が話を再開すると、

「だから早く寝て、朝もちゃんと起きて」

と、高峰。

先生が、聞かない生徒を睨み付けると、注意の言葉が出るのさえ待たず、

「もう言いません」

今度は本当に心から反省しているという顔をして、高峰は口にチャックする仕草をす

る。

ムッとしながらも松山は先を続ける。

「そういうことをきちんとしないと……」

「そうです。いい仕事もできません」

高峰が「あッ」と思った時はもう遅い。

「やめた。もう喋る気がしません」

松山はヘソを曲げる。

今度こそ、今度こそ本当に心から反省しているからと哀願するような目を松山に向けて、あたかもアメリカ映画の裁判シーンのように、ただし左手には聖書でなくニラタマの入った皿鉢を持って、高峰は、右手を胸の横に小さく挙げて宣誓のポーズをとるのだ。

諦《あきら》めて箸《はし》を運び始めた松山が、

「なんでそうやって、いつも人の話を聞かないんだッ」

「誰が？」

高峰はケロッとして聞く。

そして続けて、

「明美がでしょ？」

「違うよ。かあちゃんがだよねぇ」

慌てて私は、無罪を主張する被告のように松山に、これまた哀願する目を向ける。

すると徐《おもむろ》に松山が言うのだ。

「二人ともですよ」

高峰と私は顔を見合わせて無言で笑う。

これが、私が加わって以後の松山家の夕食風景だった。もっとも、「あんたはうるさいです」、高峰の一言で私がお喋りをやめることもあったが。

しかし残念ながら、今回の言葉が何年のいつ頃の夕食時に高峰の口から出たのか、厳密には覚えていない。

少なくとも言えるのは、高峰がまだ外界と交渉を持っていた七十代半ば、その仕事相手のことを、あるいは私が職場の人間のことを話題にしていた時に出た言葉であることは間違いない。

だがこの高峰の言葉を、今回私が思い浮かべたきっかけは、ハッキリしている。

いつまで続くのか、「松山さんが心配だ」攻勢が未だにやまないのだ。

先日、松山と私はハワイから帰ってきた。

高峰の死の直後、逃げるようにして行ったハワイで、「帰りたくないなぁ」「東京よりハワイのほうがずっと好きだ」と再三松山が口にしたので、夏に行く予定を早めたのだった。

覚悟はしていたが、帰国した東京は不愉快なほど蒸し暑かった。しかしそれよりもなおうっとうしかったのは、パンク寸前の留守電メッセージと宅配便の不在連絡票、そして新たに設置した玄関の録画機に残された訪問者達の姿。

幾人かの方には、「申し訳ありませんが、松山がどなたともお話ししたくないと言っておりますので、僭越《せんえつ》ながら私が代わって……」という内容の手紙を書いた。

だが中には、高峰が残した住所録に住所がない人もいる。

それでも高峰・松山との付き合いが古く、そのままにしておくわけにはいかない業界の〝顔役〟もいた。

放っておいたら何を言われるか知れない。

仕方がないから電話をかけた。

顔役Aは留守だったので、電話に出た秘書らしき女性にこちらの事情と松山は元気であることを伝え、「どうぞA先生によろしくお伝えくださいませ」とお願いした。

すると女性は「うちのAが松山さんのことをすごく心配してますから、携帯に電話してやってください。今仕事場にいますから」と勝手にAの携帯電話の番号を言う。

私はカチンときた。秘書は明らかに、松山の気持ちより自分の身内であるAのそれを優先しているではないか。あなたが仕えるAの心配を払拭《ふっしょく》するために、しかもいきなり訪ねてきて録画機に姿を残したAに、なぜ私が仕事先まで追っかけて電話しなければならない。

だがあとが怖いから、電話した。

Aは「ご存じないでしょうが」と前置きした上で、自分がいかに高峰と松山を昔から知っているか、いかに自分が松山を心配しているか述べた。

そして最後に言った、「松山さんをよろしくお願いします。何かあったらすぐにこの携帯電話に電話してきてください」。

私はもっとカチンときた。

松山の親族が言うならわかる。旧知だからといって、あなたに松山を「よろしく」頼まれる覚えはない。誰に頼まれなくても、父である松山の世話を私がするのは当たり前のことだ。何かあってもあなたに電話するつもりなど毛頭ない。

が、これは心の中で思っただけで、実際には「お仕事中に失礼いたしました」などと、心にもないことを言ってしまった。なんて私は小者なんだ。

Aのような人は何人もいる。「養女だか何だか知らないけど、あなたなんかより私のほうがずっと高峰さんと松山さんのことをよく知っているのよ」と言外にひけらかしながら、こちらを見下して、松山の身内づらをする人。

そういう人は決して私ごときの書いたものなど読まない。そればかりか、高峰の二十六冊に及ぶ著作の、一冊たりとも読んでいない。

だから高峰の死後、松山がどんな心情で過ごしているか、松山家の現状がどんな風か、そして高峰がどのような信条を持って生きていたか、何一つ理解していない。

要は、「言わなきゃいけない人」であり「言ってもわからない人」なのである。

当たり前だが、私は年齢的に二人の過去の交友関係を全て知っているわけではない。

だが高峰が何かの折に私に語った人、話題にのぼらせた人については相当「ご存じ」なつもりだ。おまけに私は曲りなりにも週刊誌の記者だった。高峰も知らないそれらの人の別の顔も十二分に知っている。事実、Aは覚えていなかったが、私は記者時代に二度、Aに会っている。

「松山さんが心配だ」としつこく電話をかけてきたり突然来訪する人に限って、私は高峰から、あるいは松山からも、この二十余年、その人について懐かしげな発言を、ただの一度も聞いたことがない。

高峰は「言わないでもわかる人」のことしか懐かしまなかった。例えば、安野光雅画伯のような。

「言ってもわからない人」には、もう一つの高峰の言葉が当てはまる。

次回はその言葉を。

他人《ひと》の時間を奪うことは罪悪です

「松山さんのお宅ですか？」

「そうですが、どちら様ですか？」

「松山さんいらっしゃいますか？」

「ですから、どちら様でしょうか？」

私は子供の頃から、なぜか若者が嫌いだった。だから四十も近くなった頃にはすでに、陳腐《ちんぷ》な年寄りのように、「チッ、今の若いヤツは」と折にふれ苦々しく思ってきた。

だがここ数年、すっかりその考えが変わった。

冒頭のような電話をかけてくるのは全て年配者だからだ。

他人の家に電話をかける時はまず自分の名前を名乗るぐらいのことは、気の利いた中学生でも知っている。なのに何十年も生きてきて、常識も礼儀もわきまえているはずの人間が……。これなら、若いヤツのほうが成長する可能性があるだけ、まだ救いがある。

つい先日も、こんな電話があった。

「松山善三さんのお宅？」

「はい、そうですが。どちら様ですか？」

「松山さんいる？」

「どちら様ですか？」

「あなた、斎藤さん？」

ムムッ。

「そうですが、どちら様ですか？」

もしかしたら高峰か松山の知人かもしれないが、だとしても未知の人間にいきなり横柄《おうへい》なタメ口をきかれる覚えはない。私はわざとつっけんどんに応えた。

「どちら様って……」

相手は舌打ちでもしかねない不機嫌な声になった。

「あのね、私は昔、高峰さんに手紙をくれって言われた者なの。それでね、高峰さんの文春文庫は全部読んだの。だから他にどんな本があるか聞きたいと思って」

「他のものは絶版です」

実際は違うが、私はあえてそう答えた。

「あなた、斎藤さんでしょ？」

それならもう少し畏《おそ》れ入ってこちらの言うことを承《うけたまわ》れと言わんばかりに、相手は語調を荒らげた。

「そうです」

「私ね、あなたの今度の本も、1と2、両方読んだよ。他にどんな本があるの、あなたの本は?」

「私のものはそのくらいです」

すると相手は、あざ笑うように言ったのだ、

「あなたね、そういう言い方はしないほうがいいよ」

私の頭の隅でブチッという音がした。

「高峰を失って、松山と私がどんな思いで暮しているか、あなたなんかにはわからないでしょう!」

思わず叫ぶように言ってしまった。

相手は電話を切った。

朝の七時に電話してくる高峰のファンだという老人、松山のファンだという老婆、自分の母親が松山の母親を知っていたというだけで松山を電話口に出せと言う老婆、名前も名乗らずいきなり自分の全人生を語り始める、高峰のファンと称する年配の男……。有名無名を問わず、こちらの都合も気持ちも一切お構いなしに急襲してくる人達に、その時、私はほとんど神経が限界状態だった。

高峰の文庫を全部読んだのなら、このような電話をしてくる行為が是か非かぐらいのことがわからないのだろうか。

即ち前回取り上げた「わかる人は言わなくてもわかる。言わなきゃいけない人は、言ってもわからない」人達である。

そして高峰の別の言葉で表現すれば、

「他人《ひと》の時間を奪うことは罪悪です」

だが、だがしかし。

告白すれば、いや、本当はしたくないのだが、いずれこの連載を続けていれば私自身の数々の旧悪を暴《あば》くことになるだろうから、この際、読者に誹《そし》りを受けようと見限られようと、覚悟して、正直に言おう。

実は、この言葉を高峰から初めて聞いたのは、私自身が言われた時なのである。

二十年近く前、実母を癌で亡くして、私のマザコン的病いがピークに達していた時、東京でもハワイでも、私は高峰の側を片時も離れようとせず、ひとたび離れれば、その後で何度も電話して高峰の声を聞いてその存在を確かめないではいられなかった。もう一度母を失うのではないかという恐怖に襲われて、頭の半分ではそれをすることが尋常でないとわかっていながら、気が付くと受話器を持っていた。「岩手医専時代の僕の友人が断食道場をやっているから、しばらく置いてもらいなさい」、松山にそう言われたほどだった。

その時期、確か夏だった。

何度目かに電話した時、忘れもしない、高峰は怒るでもなく、むしろ慈愛に満ちた声で静かに私に言ったのだ、

「他人の時間を奪うことは罪悪ですよ」

私はポカンとして受話器を持っていたと思う。

愚《おろ》かである。

高峰の言わんとしたことを本当の意味で理解できたのは、それから二年ほど経った時。

高峰のインタビュー記事を書くために話を聞いていた時だった。

彼女は、自身が尊敬してやまなかった作家の司馬遼太郎氏について語っていた。

「親しいと言っても、何かの折に偶然おめにかかったりするだけで、こちらから電話をかけたことは一度もありません」

それは司馬氏に限らず、梅原龍三郎画伯や評論家の大宅《おおや》壮一氏……、高峰が敬愛する人達すべてに対して同じだった。

「お元気ですかとか、電話かけたりしなかったの？」

「しません」

「どうして？」

私が聞くと、高峰はきっぱりと言ったものだ。

「他人の時間を奪うことは罪悪です」

あッ、と思った。

二年前、私が言われた言葉だった。

電話は、かけられたほうの都合などお構いなしに、しかも出てみなければ誰からともわからず（現代はやや違うが）、会話を強制する。その人が自分自身のために使っていた時間を、いきなり横合いからかっ攫《さら》ってしまうのだ。

電話だけではない。一緒に食事をする、行動を共にする。つまり誰かと時間を共有することは、相手の貴重な人生の一部を自分のために費《つい》やさせることになるのである。

私は高峰の顔を正面から見ることができなかった。ただ、恥ずかしかった。

だが高峰は二年前に私に同じ言葉を投げかけたことを決して忘れてはいないはずなのに、一切それには触れず、何事もなかったように、インタビューの続きを受けてくれた。

それ以後も、高峰が自分から誰かに電話している姿を、私は見たことがない。

「ダメです」「お断りします」

取材や執筆の申し込みには、相手が大新聞であろうと何であろうと、常にこの二言で電話を切った。

「手紙にしてください」

ファンからの電話には、そう応えていた。

つまり、先の老人の「高峰さんから手紙をくれって言われた」は、そういうことである。

もちろん電話は迷惑だというのもあるが、高峰が常々言っていた、松山も折に触れ口にしていた「電話は気持ちを伝えない。手紙のほうが本当の気持ちが伝わる」という自分の心情を、本来なら「迷惑です」の一言で済む電話の相手にさえ伝えていたのである。

時々、高峰はポツリと漏らした。

「安野（光雅）先生、お元気かしら……」

「電話してみたら？　かあちゃんの電話なら先生は喜んでくれると思うけど」

私が言うと、

「そんなことできません。忙しい先生を煩《わずら》わせるだけです」

遠くから、人を思いやる人だった。

幼い頃から自分のために時間を使うことが許されなかった高峰秀子は、ようやく七十歳を過ぎて、願ってやまなかった〝自分の時間〟を手に入れたのだ。

その貴重な晩年の二十年を、私みたいな者と時間を共有してくれた高峰に、何と言って詫《わ》びればいいのか。どうやって感謝すればいいのか……。私は今、途方に暮れている。

返事を書きたい手紙には、住所がない

　高峰は、あらゆることに簡潔簡素な人だった。住まい、調度、衣服、食器……衣食住すべてにおいて、見事なほどすっきりしていた。発言も、書く文章も同じだ。

　一言で核心を突くので、会話している相手は話の接ぎ穂《つぎほ》を失うか、ただ頷くか。たとえポカンとしても、わからない人はそれで結構と言わんばかりに、相手が理解したか否か確かめることもなかった。

　文章には装飾がなく婉曲《えんきょく》がなく、女とは思えぬパキパキとした筆運びで、それでいて女らしい繊細《せんさい》さに満ちていた。

　綿々《れんれん》や恋々とは無縁の人だったのである。

　可笑しい話がある。

　つい二年ほど前の夏だったと思う。なぜそんな話題になったのか……そうだ、Tシャツの袖から出ている私の腕を見て、高峰が言ったのがきっかけだった。

「黒いね」

　それは初めてではなかったので、改めて確認するような言い方だった。

「かあちゃんは白い」

　これも初めてではなく、私は高峰の細い腕の横に自分の、肉体労働者のように太い腕を並べた。

「そういえば、かあちゃんは腕や脚に全く毛がないねぇ」

　そこから、世の女性は脱毛なるものに汲々《きゅうきゅう》としているという話になったのだ。

「これで毛深かったら困るよね」

　私は白くすべすべした高峰の腕をなでた。

　高峰は顔もそうだが、皮膚が薄く、非常にきめの細かい肌をしていた。

「私は脱毛なんてしたことがない」

　そう言うと、

「ホラ」

　高峰は着ていた木綿《もめん》の部屋着の半袖をまくり上げるや大きく腕を上げて、腋《わき》の下を見せた。

「腋毛だってない」

　次に言ったことが、ふるっていた。

「無駄なものは一切、ない」

　果たして腋毛が無駄なものかどうかは別として、それほど無駄を排するのだということを、高峰本人も自認していたのである。

電話など、三分以上喋っているのを見たことがない。

手紙で封書を使うのは何か理由がある時だけで、通常はハガキだった。それも自分から出したことはなく、貰った便りや贈り物への礼状だった。

文面は必要十分の内容。

だが、ファンはそうはいかない。

そんな高峰の気性を知ってか知らずか、とにかく長い。ファンから高峰に来る手紙の殆どは、封筒がコロコロしていた。

しかし、高峰はどれほど長かろうと、誰からの手紙であろうと、全てきちんと読む人だった。

そして自分が読んだあと、なぜか全部、私に読ませてくれた。

ある時、私が読んでいると、横にいる高峰が、ボソッと言った。

「年寄りの手紙って嫌い。長いから」

私は思わず吹き出した。

だって、高峰自身も年寄りなんだから。

しかし高峰は極めて年寄りらしくない人だった。

昔話、これは往々にして自慢話、そして愚痴《ぐち》と説教。私が〝年寄りの三種の神器〟と呼んでいる三要素が完璧にない人だった。

若い時からその三つだらけの私などには、驚異の生き物としか思えなかった。何だ、せっかく書いたのに、と、気を悪くするファンの方もいるかもしれないが、私はそうは思わない。

その人は自分一人が高峰に宛てて手紙を書いているつもりでも、高峰のほうは、他の人からの手紙もたくさん受け取るのだ。

女優という職業の人が毎日どれほどのファンレターを貰うものか、私はその平均値を知らないが、少なくとも引退して四半世紀以上も経つ老女優にしては、高峰はかなりな数のファンレターを受け取っていたと思う。

中には十代のファンからの手紙もあった。しかも「デコちゃん」という呼びかけ方で。

「私のこと幾つだと思ってるのかしら……?」

高峰は別に不快そうでもなく、純粋に不思議がっている風だった。

二十代の青年は自分が作曲した音楽を吹き込んだテープを同封してきた。

「ちょっと聞いたけど、私にはよくわからないから、あんたにあげる」

音楽に疎《うと》い私には、ヘビメタでもロックでもなく、機械音のようなその音楽は、申し訳ないが、同じくピンとこなかった。

だが多くの手紙の主は、高峰が活動した時代が時代だから、当然のように年配者が多かった。

「そのうち自分の人生を書き始めるのよね」

年寄りからの長い手紙について、高峰はその特徴を指摘した。

そりゃ、無理もない。もし私が高峰のファンでも、自分の人生について書いてしまうかもしれない。憧れの人に少しでも自分のことを知ってほしいと思って。

しかし、高峰は字も読めない五歳の時から〝ファン〟という名の未知の人間から手紙を受け取っている。八十年間に受け取った総数は一体どれほどになるのか……？

女優業も執筆業もやめて、「今が一番幸せ」が口癖だった高峰にとって、余生における生活時間は、女優時代のそれとは比べものにならないほど貴重だったはずだ。

だから私は、長い手紙になってしまうファンの心理を「無理もない」と思いつつ、一方では「年寄りの手紙って嫌い。長いから」という高峰の発言にも頷けるのである。

やはり腋毛話と同じ頃、長いなどという生易しい言葉では表せない、大型封筒に入った原稿用紙の束が、松山家の郵便受けに入れられていたことがある。

「何だ、これ？」

既に松山家の郵便物を取ってくるのが役目の一つになっていた私は、怪しんだ。

その重さ大きさもさることながら、切手が貼られていない。直《じか》にここまで来て投函したことが気味が悪い、と私は思った。

松山家の食卓の上に置くと、私は離れの自室に戻った。

二時間ほどして母屋《おもや》に来ると、高峰が食卓の椅子にかけていた。

「読んでごらん」

高峰は、くだんの不気味な大型封筒を私に渡した。

原稿は五十枚はありそうだ。

めんどくさい。内心、私は思ったが、仕方がないから読み始めた。

読み始めて、「あれ?」と思った。さらに読むと、「ほぉ」と思った。

その辺の映画評論家でも書けないような、見事な〝高峰映画評〟大論文なのである。

「なかなかのもんだろ?」

煙草を吸いながら、高峰が聞いた。

「うん、すごいね、この人」

私は差出人の名前と住所を探した。封筒の裏に書いていないことは知っていた。だが

原稿の最後にも何もない。

その時、高峰がポツリと言ったのだ、

「**返事を書きたい手紙には、住所がない**」

私は膝《ひざ》を打った。

高峰の言葉の裏を返せば、返事を書きたいとは思わない手紙ほど、「絶対返事をくだ

さい」と文面の最後で強要し、住所どころか自宅の電話番号から携帯電話の番号まで書いてくるということである。

それから二年、私のもとにも読者からお手紙が届くようになった。

有難いと思う。

しかし、長い。中には同じ日に手紙も来て、ハガキも届くという人がいる。

私ごときがバチ当たりだとは知りながら、いささかゲンナリしていた時、一通の手紙が来た。

まるで私の現在の生活ぶりを隠しカメラででも見ているのではないかと思うほど、高峰を失い松山家の雑用に追われている私の心情を理解してくれ、温かい労《いた》わりと励ましの言葉に満ちていた。読んでいて涙が出た。

返事を書こう。是非お礼が言いたい。

だが手紙の最後に書いてあったのは、「北九州」、それだけだった。

初めて高峰の気持ちがわかった。

返事を書きたい手紙には、住所がない。

一事が万事ということがあります

もともと私は、大女優・高峰秀子がその晩年にたまさか仕事で知り合った一介の記者にしか過ぎず、初めて対面した時、既に高峰は七十歳近かったから、彼女の知り合いの中では圧倒的な新参者だった。そのためか、高峰について文章を書き始めた頃、高峰の古い担当編集者のもとに「あいつは誰だ?」とずいぶん問い合わせがあったと聞く。

だから、高峰と親しくなり一緒に過ごす時間が長くなればなるほど、会話や生活の中に、私が知らない高峰や松山の知人が続々と登場するようになる。

H子は、高峰が親しく付き合っていた隣家の女主人に次いで、二番目に登場した松山夫妻の知人かもしれない。

初めてその姿を見たのは、松山家のガレージだったと思う。

彼女は下を向いて懸命にタイルの床を雑巾《ぞうきん》がけしていた。

いつもは玄関ベルを鳴らして松山が門扉を開けてくれるのを待つのだが、さてこの状況では、誰だか知らないこの女性に来意を告げるべきか……。

私が迷っていると、H子が「いらっしゃいませ」と門扉を内側から開けてくれた。

「こんにちは」

私はそそくさと挨拶をすると、玄関に入って階段を駆け上がっていった。

「H子ちゃんがいたでしょ？」

台所から高峰が言った。

「うん。あの人誰なの？」

私が聞くと、

「お隣のお手伝いさん」

高峰が答えた。

そして、H子ちゃんには月に何度か松山家の〝大きな掃除〟、各部屋の絨毯《じゅうたん》に掃除機をかけたりバスルームなどの掃除をしてもらっているのだと話してくれた。

「H子ちゃんが来てるんだね」

その後も、松山家を訪れた際に他の部屋で掃除機の音がしていると、私が聞き、「そう」と高峰が答える。そんなことが何度かあった。

だがそんな時、大概、高峰は言った。

「洗面所なんか、もう舐《な》めたようにきれーいにしてくれるの」

その度に私は「ふ～ん」と応えていた。

やがて高峰のセリフに、次の言葉が加わるようになった。

「黙～って掃除する」

即ち「舐めたようにきれーいにしてくれるの。黙〜って掃除する」。

そのうち、私の気のせいかもしれないが、「黙〜って」という部分を、高峰が心なしか強調しているように思えてきた。

それが気のせいでないとわかったのは、三、四度「黙〜って」を聞いた後だった。

当時まだ松山は時々地方へ泊まりがけで講演に出かけていたので、夜は高峰一人では不用心だからと、H子ちゃんが、住み込みで働いている隣家から松山家に泊まりに来ているのだということを高峰から聞いた。

「私が寝た後、自分の枕とシーツを持ってきて、納戸に置いてあるマットレスを自分で出して下の事務所に泊まってくれるの。それで朝早く、黙〜って帰るのよ」

チ、また「黙〜って」か。

内心、私は面白くなかった。要はヤキモチを焼いていたのである。

「泊まるんなら、私が泊まるよ」

口をとんがらかして、私は言った。

「ダメです」

高峰は言下に言った。

「どうしてさ?」

反抗期の子供のように私は聞いた。

「あんたはうるさいです。H子ちゃんは上に上がってきたりしないのよ。黙って泊まって黙って帰るんだから」

チ、チ、チ〜だ。

高峰は、私なんかが泊まろう日には、普段からただでさえ「かあちゃん、かあちゃん」とまとわりついているのだから、おちおち寝てられたもんじゃない、ということを知っているのである。実際、もし私が泊まれば、何度も高峰の寝室を覗いては、「もう寝た？」だの、「寒くない？」だの、うるさくて仕方ないだろう。と、自分で認めているところが情けないが。

やはり「黙〜って」は強調されていたのである。

というようなことがあって、さらに数カ月。

午前中にH子ちゃんが掃除して帰った日の夕方、私がいつものように松山家に夕食のご相伴《しょうばん》に与《あずか》りに来たところ、またもや高峰が言ったのだ、

「H子ちゃんは舐めたようにきれいにしてくれるの。いっつも黙〜って掃除する」

これで確か五度目だ。

遂に私は言った、

「私だってH子ちゃんみたいに、舐めたようにお掃除できるよ」

「できません」

電光石火とはこのことかと思うほど、高峰が即座に打ち消した。

「できますねッ」

私はむきになって言った。

「できませんッ」

高峰はさらに強く否定した。

側にいる松山は、まるでウィンブルドン・センターコートの観客。私達の応酬に合わせて、顔を高峰のほうへ私のほうへ……。観客と違うところは、その表情がとても不安げなところだ。

「できるもん！」

「できま、せん！」

最後には、私は真剣に言い返した。

「かあちゃんは私が掃除してるところを見たこともないくせに、どうしてそんなに言い切るのさ！」

と、その時、高峰がピタリと私を見据えて、低い声で言ったのである。

「**一事が万事ということがあります**」

グググ……。返す言葉がなかった。

先日、この話を担当の女性編集者にしたら、彼女が素朴な質問といった感じで、「何が一事だったんですか？」。

そうだ。そう言えば、一体、私の何が一事だったのか？

が、そう思った途端、自分で答えが出た。

つまり私の全てである。

だがなおも女性編集者が「たとえば？」と聞くので、一つ披露すれば。

まだ高峰と仕事をし始めて間もない頃、午前十一時半に会うというその日の朝十時に、高峰から自宅の私に電話が来た。

「はい」

起きていたふりをして返事をしたが、

「寝てたの？」

当然、高峰には看破《かんぱ》された。

「すみません。昨夜、原稿を遅くまで書いていたもので……」

私は言い訳した。

「それはあなたの勝手です」

高峰は冷たく言った。

だが、その通りである。自分の都合で寝るのが遅くなり結果遅く起きようが、それに関係なくとうに世間は起きている。

用件は、前々から今日持っていくことになっていた資料の他に、昨日急に追加された資料があったので、前に約束したほうの物を私が忘れてはいけないと思って電話をかけてくれたのだ。

「こういう時は、案外、前に約束していた物のほうを忘れたりするからね」

高峰は言った。

実際、私は忘れていた。

「お電話くださって、ありがとうございます」

礼を述べながら、「この人、すごい人だな」と思ったのを覚えている。

そして電話を切る前に高峰が言ったこと。

「起きなさいよッ。この電話を切ったら起きるんですよ」

全く、しようのないガキである、私は。

初めて高峰に会った日、その静かな視線に見据えられた途端、「ああ、私はただの頭の足りないガキなんだ」と素直に感じたが、今思えば、それはその後さらに具体化され、実証され、私は二十年かけて、自分の骨の髄まで高峰秀子という人に見通されて、今に至ったのだ。

わかりやすい私のことはもちろん、高峰秀子はあらゆる人の一挙手一投足、発言一つで、その人の万事を見抜く。

「一事が万事ということがあります」

そう言った高峰の、あの時の深い目の色を私は今でも忘れない。

他人《ひと》に食わしてもらったなんて、
一年もないッ

この言葉は、高峰に取材している時に聞いた。

平成十八年の一月二十八日土曜日。まもなく始まる私の連載のために、初回のゲストとして高峰が応じてくれた時である。

当時の手帳を見ると、「16時 ㋕ インタビュー」、そのあとに「おつな」と記してあるから、いつものように松山と高峰が好きだった寿司を買ってきて夕食にして、その前にインタビューをしようということになったのだ。ちなみに㋕とは、「かあちゃん」の略である。

ある人物がどのようにして現在の職業に就《つ》いたか、その経緯を聞く連載だったので、話題は子供時代や青年時代、まだその人が世に出る前に終始する。

高峰には、世に出るまでの年月が五年しかない。

そのわずか五年間について聞いた。

高峰は、実母が結核で死んだその葬儀の翌日、実父の妹によって函館から東京へ連れてこられるのだが、叔母の養女になったというより、実際は連れ去られたというのが正確な表現だろう。実母はまだ元気だった頃に「秀子を養女に差し上げるつもりはありません」と、東京の義妹のもとに正式に断りに出向いていたのだから。

東京で暮し始めた秀子は、子供を育てたことがない養母に、毎日、アツアツのご飯に生卵をかけたものを食べさせられた。

「明けても暮れてもピチャピチャピチャ」

高峰は辛い話でもどこかユーモラスに語るので、必ず取材中に笑いがある。

この時も私が「猫の餌《えさ》みたいだ」と笑うと、高峰はまた「ピチャピチャピチャ……」。

その間《ま》の良さに、また笑ってしまう。

「じゃ、ずっと卵かけご飯を？」

「そ、蒲田撮影所に行くまで。一年」

高峰は応えた。

だがその時、私はできるだけ正確に記事を書きたいと思って、松山から預かっていた高峰の古い戸籍謄本を事前に見ていた。

それによると、高峰の実母が死んだのは、高峰の五歳の誕生日、昭和四年三月二十七日だった。高峰は四歳半で東京へ連れてこられ五歳で子役になったと自著『わたしの渡世日記』にも書いているし、常々私にもそう言ってきた。

「だから東京へ来た時にはもう五歳になってたんだよ」

私は高峰の記憶を訂正した。

「そうなの？」

意外そうに、高峰は応えた。

上京してまもなく、偶然にも映画「母」のオーディションで子役に選ばれ、その翌日から、朝炊いたご飯のおこげをおにぎりにして朝食代わりに口に放り込まれ、弁当を持って養母と一緒に鶯谷《うぐいすだに》の自宅から松竹蒲田撮影所まで電車で通ったのだから、オーディションがいつだったのかがわかれば、卵かけご飯をピチャピチャやっていた日数が正確にわかると思った。

だがあらゆる手持ちの資料を精査してもそれを知ることはできなかった。確かなことは、高峰のデビュー作「母」の封切り日が昭和四年十二月一日だったということ。いくら当時の映画が早撮りだったとはいえ、編集の時間を考えて、遅くとも十一月初めには撮影を開始しているはずだから、オーディションはやはり遅くとも十月には行っていたのではないか。

「三月末に東京へ連れてこられて、『母』の封切りが同じ年の十二月ということは、ピチャピチャやってた期間は、明らかに一年もないよ」

そう、私は高峰に告げた。

するとと高峰は、

「ねぇ……」

と、彼女には珍しく感慨深い反応を示した。

そして、続けて言った言葉が、

「**他人《ひと》に食わしてもらったなんて、（一生のうちで）一年もないッ**」

私は一瞬、凍りついた。

それほど、高峰の言い方は、前の「ねぇ……」という何か想いを馳《は》せるような調子から一転した、あまりに強い語気だったのだ。

まるで、「そうか、そうだったのか！」と、誰かに謀《たばか》られていたことに初めて気づいたような、気づかなかった自分の迂闊《うかつ》さに臍《ほぞ》をかむような、怨嗟《えんさ》にも似た、きつい語調だったのである。

高峰は、その言動に感情というものを交えない人だった。

少なくとも私が知る限り、どこまでも理性で全てをコントロールできる人だった。

しかし、この一言は、私が二十年近い年月、高峰と交わした会話の中でも、片手の指で数えて余るほど少ない、感情を露《あら》わにした、その一度だった。

私は、高峰の口からこの言葉を聞いた時、わかった。

この人にとって「食う」こと、生きていくことがいかに熾烈《しれつ》だったか。物心がつくかつかずの、わずか五歳の時から自分以外の人間の口を糊してきたことが、どれほどしんどい仕事だったたか。

そして、この人は、「食う」こと、毎日つつがなくご飯を食べられることが人間にとってどれほど有難いことか、働いて人様にお金をいただくという行為がいかに大変なことか、身をもって知っている。それがわかっている人だ、と。

談話ではなく、拙著のあとがきでもなく、高峰が随筆家として私にくれた最後の原稿、先のインタビューより五年前に書いてくれた、文字通り高峰の最後の作品となった「松竹梅」。その中にこんな一節がある。

〈私は、青年松山善三と結婚したとき、彼に向かってこう言いました。

「私はいま、人気スターとやらで映画会社がたくさん出演料をくれていますが、くれる金はありがたくいただいて、二人でドンドン使っちゃいましょう。でも、女優商売なんてしょせんは浮草稼業。やがて私が単なるお婆さんになったときは、あなたが働いて私を養ってください」

「ハイ。分りました」

以来、私たち夫婦は金銭に関わる話を一度もしたことがない。

そして、それから四十七年。半病人のマダラ呆《ぼ》けになったオバアの私を、これも老いたる猪《いのしし》に変貌した松山オジイは、脚本書きの収入で約束通り、私を養ってくれている。

小さな台所でお米をとぎながら、オバアはひとり呟いている。

「ボカァ、倖せだなぁ」

ナーンチャッテ。〉

別人のようである。

私を凍りつかせた人の「食う」ことに対する凄まじさと、「養ってくれている」と書く〝オバア〟のゆるさは、同じ人物のものとは思えない。

高峰が五十五歳で引退する頃、「ようやく僕の収入が追いついたくらいかな」と以前、松山が私に語った通り、そしてこの短い文章に高峰自身が書いている通り、高峰は晩年、悲願叶って「養ってもらう」立場になった。

だが、すっ飛んだのである。

それら幸せな晩年が瞬間掻《か》き消されたほど、私の取材の最中に、自分が養母に「食わしてもらった」期間が一年にも満たなかったことを知って、過去の凄絶《せいぜつ》が甦った。

「もう幸せボケで何も書けない」

ある時、高峰は私に言ったことがある。

その頃はもう、「食う」ことは、高峰にとって辛く痛いことではなくなっていたのだ。

だがひとたび、過去の、それも自分の意志を無視され否も応もなく人生の荒波に突き落された五歳の時に時間を戻した時、高峰は、思わず牙《きば》をむいた。

半世紀にわたって背負わされ、ほんのひとときも下ろすことを許されなかった女優という好まぬ仕事の重みと、そして十数人の血縁の生活を担《にな》わされ続けた記憶――。
その孤独な闘いの記憶が、ほんの一瞬だけだが、高峰に理性を失わせたのだ。
「さ、ご飯にしよう」
一時間の取材が終わって、高峰は台所に向かった。
いつもの、穏やかな高峰に戻っていた。
死んで一年。
高峰秀子の著作は爆発的に売れ続けている。
先日、ある私の先輩がつくづくと言った、
「死んでからも、高峰さんはよく稼ぐねぇ」
もしこの言葉を高峰が聞いたら……。
その美しい面差しに満々と湛《たた》えることだろう。
自負という名の、笑みを。

人を見たら敵だと思いなさい！

私の実母が死んだ四年後だったから、平成十二年一月のことである。

その前年の暮れ、当時同じ職場にいたA子の母親が死んだ。A子はそのことを親しい私にも告げなかったばかりか、社員の親族に不幸があった際に通知される書面も社内には貼りだされなかった。つまり、彼女が公表しなかったのである。

だが年が明けて、A子から年賀状でなく、一通のハガキが来て、私は彼女の母親が死んだことを知った。

初出社した日、私はすぐに彼女に内線電話をかけて「ちょっとお茶飲もう」と外に誘った。普段なら「今忙しいのよッ」などと威勢のいい返事をする彼女が、その時は「うん」と言っただけですぐに応じた。

会社の人間は滅多に来ない喫茶店に落ち着くと、私は「大変だったね……」と彼女に悔やみの言葉をかけた。

すると、彼女が言ったのだ、

「母があと一週間もたないと医師に言われたから、上司に『一週間休ませてもらえませんか』と言ったら、上司が『給料貰ってるんだからね』って……。これ以上言ってもだめだと思って、私はそのまま働いて、母が死んだ翌日も会社を休まなかった」

気丈で泣き言など、ましてや涙など見せたことがないA子が、涙ぐんでいた。

あいつ……、日ごろから冷血だとは思っていたが、許せん。私はその上司に怒りがこみ上げた。

だが、A子の次の言葉を聞いて、怒りどころではなくなった。

「そしたらその時、上司の側にいたB子が言ったのよ、『斎藤さんが休んだ時だって顰《ひん》蹙《しゅく》かってたんだからね』って」

私は思わず息をのんだ。

いきなりぶんなぐられた気持ちだった。

B子はA子の後輩である。それも十年近く。

それを、冷血な上司の尻馬に乗ったのか、この際常から頭の上がらないA子を一刺ししてやろうと思ったのか、四年も前の出来事である私の母の死まで引き合いに出して、そんな悪意を吐くとは。

殺してやりたい。いや、八つ裂きにしてやりたい。心底そう思った。

A子のために思ったのではない。それほど私は正義漢ではない。自分のために殺したいと思ったのだ。

四年前のあの頃、肉腫という重い病に冒され、それでも懸命に生きようとしていた母を絶対元気にしてみせると、奇跡を信じて、私は東京と郷里の高知を三日置きに往復しながら仕事をした。それでもついに「覚悟しておいてください」と医師に宣告された時、私は上司に頼んだ。「本来なら辞めるべきでしょうが、一カ月休ませていただけませんか」。その時の私の上司は休ませてくれた。給料さえ払ってくれた。

私が休んだその一カ月間、私が担当している仕事を同じ部署にいたB子を含む十人ほどが分担したことを、B子は「顰蹙」と表したのだ。

「ご愁傷《しゅうしょう》様でした」、母の葬儀を終えて出社した私に、そう言って寄ってきたB子の低い鼻を思い出した。

「明美さんはいい上司でよかったね。天国と地獄の差よ」

A子の言葉で、私は我に返った。

だがその後、会社に戻っても帰宅しても、B子への怒りは増すばかりだった。

意地悪なことでは定評のある女だったが、そんな生易しいものではない。邪悪だ。私は身体が震えるほど、呪った。

そして耐えかねて、翌朝、高峰に電話した。

実母を看病していた当時の私の悲痛を、高峰ほど理解してくれている人はいなかった。

高峰と松山はホノルルの家にいた。

「かあちゃん……」

言うなりもう私は泣いていた。B子を呪ったはずが、手もなく痛めつけられていたのだ。

泣きながら訴える小学生のような私に黙って耳を傾けていた高峰が、私の泣き声が途切れた瞬間、言い放ったのだ、

「**人を見たら敵だと思いなさい！**」

……！

私は受話器を持ったまま固まった。

涙が引っ込んだ。

と、高峰は、自分のそのあまりに強い調子に自分でもハッとしたかのように、あえて自分を鎮《しず》めるように、穏やかに転調して、私に語りかけた。

「あんたはまだ何か出来事や理由があって心無いことを言われたけど、かあちゃんなんか、何もないのに、どれほどいろんな非難や中傷を受けてきたか……」

その時はもう、いつもの錆《さ》びた高峰の声だった。

そして、幼子に言い聞かせるように、優しく言った、

「そんなことで泣いてたら、生きていかれないよ」

既に冷えた涙が、思い出したように瞼《まぶた》からこぼれて落ちた。

あの時の、高峰の声――。

私は今でも、その凍りつくような声音《こわね》を耳に覚えている。

それは何者かを一刀両断で仕留める、必殺の刃に似ていた。

この人は、こうやって生きてきたのだ。

絶句から覚めた私は、静かに語りかけてくれる高峰の穏やかな声を聞きながら、そう思った。

こうやって、自分を守ってきたのだ。

五歳の時から社会に放り出され、誰一人盾《たて》になってくれる人も、温かく抱きかかえてくれる人もなく、高峰は、松山善三という唯一の味方を得るまで四半世紀、懐《ふところ》に匕首《あいくち》を抱いて、いつも心の内で身構えていた。自分に近寄ってくる怪しげな大人達、人間達をじっと見つめながら、事あればこの刃で……そう思って生きてきたのではないか。

初めて高峰と対峙した時、私が感じたものは、鋭い刃の影だったのかもしれない。

それまでの私の人生では出遭うことも、存在を想像することさえできなかった、〝凄絶〟というものを、高峰の眼は湛えていた。

どこまでも相手を包み込むとてつもなく大きな慈愛と同時に、初めて会った高峰秀子に私が感じたものは、確かに、何と表現していいかわからない、ある物凄さだった。

こんな人、見たことがない。

だから私はそう感じたのだ。

普通の子供が遭ったことのない目、体験しない仕打ち、決して味わうことのない裏切り、追従《ついしょう》、媚《こ》び、嫉《ねた》み……それらあらゆるものを、子供だった高峰は独りで黙って見据えながら、大人になっていった。

あの言葉を聞いた時、私はほんの一瞬だったが、高峰の人生を見たような気がした。

別に怖くはなかった。

ただ、凄いと思った。

生きることに生半可な人間には、無縁の、覚悟。

その迫力に、私は弾き飛ばされたのだ。

高峰は、ただしゃがみ込んでメソメソと泣いている私の前に立ちはだかって、一刀のもとに、〝邪《よこしま》〟を斬り捨ててくれたのではないか。

私を庇《かば》ってくれたと思うのが私の身びいきと感傷だとしても、少なくとも高峰は、私が告げたつまらぬ悪意ではなく、もっと大きな、この世に人間がある限り永久にはびこり続ける〝邪〟という、自分の半生に常に付きまとい苦しめ続けたまがまがしいものすべてを、思わず斬り捨てずにはいられなかったのではないだろうか。

だから、匕首を抜いたのだ。

世間と縁を断ち、何ものにも脅《おびや》かされず、何の憂いもなく、毎日をゆったりと心静かに過ごしていたはずの老いた高峰が、それでもなお懐から刃を離さなかった、離していなかった凄さに、私は今でも驚愕と、ある傷ましさと、そして何より、一点の曇りなく磨き上げられたその切っ先の見事さに、感服する。

この時、高峰秀子は、七十五歳だった。

忙しい時ほど
余裕を持たなきゃいけないよ

高峰は、拙著『高峰秀子の流儀』にも書いたように、「動じない」人だった。

常に泰然自若《たいぜんじじやく》、悠々たる構えの人だった。

だが反対に私は、すぐ動じる、しかも非常に動じる人間である。

少しでも物事がうまくいかないとストレスに悩まされ仕事が手につかず、ましてやそれが多忙な状況下であったりすると、もうみっともないほどバタバタする。

今がまさにそういう状況である。

この原稿が掲載される頃には無事終了しているであろう（はずだが）「高峰秀子を偲《しの》ぶ会」の準備に追われ、松山家の日常の雑事に髪振り乱し、原稿の締め切りを抱え、そこに仕事上のトラブルが発生し……。まさに動じっぱなしである。

で、ハタと、この高峰の言葉を思い出したのだ。

今と忙しさの種類は違うが、仕事に追われてやはりあたふたとしていた週刊誌の記者時代、たぶん十二、三年前だったと思う。

高峰と電話で話している時、「今週は、○○の原稿を××日までに書かなくちゃいけなくて、おまけに取材の予定が三つも……」と、思わず愚痴を吐いてしまったことがある。

　すると高峰が言ったのだ、

「忙しい時ほど余裕を持たなきゃいけないよ」

　穏やかな、優しい笑顔が見えてきそうな口調だった。

　その言葉を聞いた時、私は何か、受話器を通して自分の耳元に、小さな宝石がポロリと零《こぼ》れ落ちたような気がした。

　そうか、そうなんだ……。

　そして、ふっと肩の力が抜けて、楽な気持ちになったのを覚えている。

　どうしてかあちゃんはいつもサラリとこういうことが言えるんだろう……。ぼんやりとそう思ったのも覚えている。

　恐らく、高峰が子役だった頃、少女スターだった頃、女優だった頃、その忙しさは私などの比ではなかったはずだ。

　殊に結婚してからは、女優業を続けながら、家事と夫の世話、人との付き合い、そこに執筆が重なった時期もある。

　その頃はお手伝いさんがいた。しかし高峰は「これやっといて」と、投げ渡すような人ではなかった。毎日の食事でも、料理の味付けだけは自分でしたそうだ。掃除や洗濯も、まずは自分でやってみせて、「このようにしてください」と指示したそうだ。

私はその頃の高峰を見ていない。高峰から何かの折に聞いただけだ。

だが、はっきりと想像できる。彼女は次から次へと押し寄せる〝やらねばならないこと〟を、映画の撮影という大きな仕事から礼状書きなど日常の小さな用事まで、粛々として整然と、済ませ、遂げてきたであろうと、推察できる。

なぜなら、私は高峰の七十代からの生活を目にしているからだ。

「人は変わる」という言い方もあるが、生活の仕方や行いは、そうそう変わるものではない。簡単に変えられれば世話はない。

特に高峰は何事にも〝確固たる〟人だった。

確固たるものは、一朝一夕では生まれないし、身につかない。

松山家の離れに住むようになってから、さらにその思いを強くした。

まず、朝決まった時間に高峰は雨戸を繰った。雨戸と言っても日本家屋ではないから、分厚いガラス戸の外側にある何枚かの引き戸を開けるというのが正確な表現だ。

それを毎朝同じ時刻にしていた。もっともその姿を庭越しに見たのは、私がこれから寝ようとしている時だったが。

そして高峰の一日が始まり、次に、決められた時間にカフェオレを用意して、松山にはそれに加えてヨーグルトとリンゴ半分を。以後、昼食も夕食も時計で計ったように同じ時刻に食べ始める。ベッドに入る時間もしかり。

その間に、かなりの数来る手紙への返事や贈答品への礼状を書き、ひっきりなしにかかってくる電話に応対し、編集者との打ち合わせに出かけ、原稿を書き、食材を買い出しに行き、時には松山の古くなったカシミヤの白いセーターをペリカンインクのブルーで染めたり、ベランダにワカメを干したり、庭でフキノトウを摘《つ》んだり……もちろん読書も。

これが七十代の高峰の姿だった。

外に働きに行く女性に比べればそれほど忙しく見えないかもしれない。だが、〝今日やるべきこと〟〝今日やろうと決めたこと〟を、全て今日やっていた。

これを拡大した相似形がつまり高峰の現役女優時代の、多忙だった日常だと私は確信するのだ。

ぐずぐずしない、余計な横道に逸《そ》れない、さぼらない、いい加減にしない……。

着実に、十分に、用事を済ましていた。

思うに、常に頭の中が整理されていたのだろう。

そして冷静だったからできたのだと思う。

たとえば、私はよくやるのだが、台所の流しの上の戸棚を開けて茶碗を取り出しながら、その茶碗を調理台の上に完全に置かないうちに、もう一方の手で箸を用意しようとしたりする。と、戸棚の戸が開けっ放しになっている。下手をすると、茶碗を置き損ねて転がし、落として割ったりする。幸い、まだ私は割っていないが。

つまり急いだり忙しい時、人は二つの動作を同時に、あるいは区切らず連続してやってしまうことが多い。気が急《せ》いているからだ。

また、ただの無精《ぶしょう》で似たようなことをする時もある。コーヒーカップをのせたお盆で両手が塞《ふさ》がっている時、無理にでも足でドアを開けようとしたり。お盆を一旦下に置けばいいものを。

理由はどちらにせよ、そのような動作をする時には、大概、何かミスをする。集中力が分散して、神経が全身に回りかねるからだ。

台所仕事をする高峰の姿を見やりながら、松山がこんな風に言ったことがある。

「かあちゃんはノロいけど、速いんだよね」

矛盾《むじゅん》した言い方だ。

だが高峰の動作を極めて的確に表している。

高峰は一つ一つの動作が実に丁寧な人だった。

だから椅子にかけたまま遠くのゴミ箱に紙屑を投げ入れたりという類の動作は絶対にしなかった。

それがどんな些細《ささい》な動作でも、その一つの動作だけを最初から最後まできちんと行った。

それでいて目の端に周囲の状況を確実に捉えている人だった。

ある時、松山家と親しい隣家の夫人と高峰と一緒に私はイタリアンレストランに行ったことがある。

夫人が先に店のガラス扉を開けて入った。

続いて入ろうとした高峰が夫人に声をかけた、

「K子さん、足元に段差がありますよ」

夫人と高峰はその店に来るのは二度目だったが、夫人の性格を知っている高峰はあえて注意を促したのである。

観察力という言い方もできるが、それは余裕があるからに他ならないと、私は思う。

余裕がないと、見えない。

具体的な視野もそうだが、思考力としての視野も狭くなるのだ。

高峰は決して急がない人だった。

小走りや早足で歩く姿を、私は一度も見たことがない。

約束の時間の十五分前、時には三十分も早く現地に着いて、相手を待つ人だった。

交通渋滞や車のパンクなど、不測の事態を考えて、もしそんなことが起こっても時間通りに着けるよう、相手を決して待たせぬよう、余裕を持って早めに家を出た。

ある時、「朝十時に松山家」ということだったので、私は「あと二分ある。間に合う」

と思いながら、植木坂を駆け上がっていった。

坂を登り切ると、松山家のシルバーブルーのジャガーが、既に家から二十メートルほど先の道路に停まっているのが見えた。

私が懸命に走っていって息を切らしながらセーフとばかり車内に入ると、高峰が言った、

「置いていきますよ」

余裕がないと、人はミスを犯す。

幸田文さんがテレビのトーク番組で言っていた、「父・露伴の言葉は楔《くさび》のように効いてくる」。

日を追うごとに、高峰秀子の言葉は私の中でギュッギュッと効いてくる。

超然としてなさい

周囲の人間は誰も信じてくれないが、私は小学生の頃、苛《いじ》められっ子だった。クラスの〝女王様〟に仲間はずれにされたり、教科書を隠されたり……。私は家に帰るといつも母にしがみついて泣いていた。

女王様の母親は同じ小学校で教師をしていたのだが、あまりに苛めがひどいので、遂に母が直談判に行った。「同じ学校で教師をしよって、自分の子供さんが他の生徒に何をしゆうかご存じありませんか？　自分の子供の教育もできんで、あなた、それでも教師ですか」、母はそう言ったそうだ。末期癌に冒され、自宅で療養していた晩年の母から聞いた。

母はいわゆる苦労人だった。寡黙《かもく》で忍耐強く、人に好かれる女性だった。十九で父と結婚するまで地元の新聞社がミス日本の地方予選に出てくれないかと毎年自宅を訪れたほど、容姿も美しかった。我ながら「本当にこの母親のお腹から生まれたのか？」と疑いたくなるほど、何もかもが私とは正反対だった。

もちろんこれは私の産みの母、実母の話だ。

そして五十歳を過ぎて、私は高峰秀子の養女になった。

この養母も大変な苦労人で、ご存じのように容姿は秀麗、人柄は何冊本にしても書きれないほど、稀有《けう》な人だった。こちらは正反対どころか、私と比べること自体が失礼にあたる人物である。

そして五十をとうに過ぎた私は、〝苛められ〟でもしようものなら、相手が二度と日の目を見られないほどコテンパンにやっつけるような、実際そんなことはしたことがないが、そう思われるほど強面《こわもて》の人間になった。

だが現実には、人間そうそう変わるものではない。他人にとっては怖いオバさんでも、高峰の前では、私は六歳か七歳の、苛められてただ泣くだけの弱い子供のままだった。

いつもメソメソ泣き言ばかり言っていたので、私が何を訴えて高峰がそう返したのか、厳密には覚えていないが、確か時期は私が頻繁に松山家に出入りするようになった頃だ。

これも今となっては誰も信じてくれないが、私はとても気が小さい。

「あんたは大きななりをしてるのに、気が小さいコだねぇ」

ため息をつくように、高峰に言われたことがある。

他人がこう思っているのではないか、ああ噂しているのではないかと、イジイジ気にするのである。

だから、たぶん私がこんな弱音を吐いた時だと思う。

「きっと会社の人は『子供がいない老夫婦をたぶらかして、斎藤はうまいことやってる』

って言ってるよ……」

最初は松山に言った。

「うちのかあちゃんが、たぶらかされるタマかよ」

松山は鼻で笑って相手にしなかった。

だが〝気にしい〟の私は、しばらくして高峰にも同じことをグチった。

ある日の午後、松山は留守で、高峰と私は食卓で向かい合っていた。

さきほどの私の言葉に、高峰は美味しそうにスパーッとヴォーグの煙を吐きながら、

「口惜《くや》しきゃ、お前もやってみろ、って言ってやんな」

ニッと笑って、そう言った。

「そんなこと、かあちゃんじゃないんだから、言えないよ……」

私は下を向いた。

その時、高峰が言ったのだ、

「**超然としてなさい**」

静かな声だった。

笑顔は消えて、真顔になっていた。

超然＝物事にこだわらず、平然としているさま。

甘やかされて育った人間には、絶対にできないさまである。

なぜなら、超然としているためには、他者の言動に左右されない確固たる自分がなければいけない。苦労知らずの人間には確固たる自分がない。精神的に自立していないから。従って他人の言動にうろたえ、過剰反応する。

対して、苦労した人間は、それも〝正しい苦労人〟は、他者への警戒心に満ちている一方で、それと同じだけ他者への慮りも持っている。警戒心しか持ち合わせない苦労人は単に苦労に押しつぶされただけだ。

高峰は絵に描いたような〝正しい苦労人〟だった。

前にも書いたが、五歳の誕生日に実母を結核で亡くし、さらわれるようにして叔母に東京へ連れてこられ、養女になった。半年もせぬうち、子役にさせられ、ギャラで養父母を養い始め、十三歳からは二十人近い親類縁者を食わせるようになった。しかも自分のしている俳優業を一度も好きだと感じたことがなく、むしろ嫌いなまま続けざるを得なかった、顔も知らない血縁を養うために。小学校さえ一カ月も通っていない、顔も知らない従兄弟《いとこ》やはとこを学校に通わせるために。

このような境遇の中で、グレもせず、落ちぶれもせず、天才子役から少女スターになり、人気女優、そして日本映画を代表する大女優になった。

恐らく、〝超然として〟いなければ、どこかの局面で必ず、女優・高峰秀子はダメになり、人間としての平山秀子、結婚してからの松山秀子は、ただの俗物になっていたはずだ。

二十代の初め、今から撮影所に出かけようとまさに玄関の三和土《たたき》に降り立った時、ヒステリーを起こした養母に椅子を投げつけられた。それをよけるために転んだが、それでも高峰は顔色ひとつ変えず、パンパンッとスカートの埃《ほこり》を払うと、何事もなかったように出かけたという。

初めてこのエピソードを知った時、私は心の底から驚いた。そんなことあり得ない。私なら養母に摑《つか》み掛かっている。

だが、それは苦労なしの私だから思うことであって、高峰にとっては単なる出来事の一つにしかすぎない。もし高峰がいちいち私のように反応していたら、三百十九本という気の遠くなるような名作に出演することはおろか、決して大女優にはなっていない。

高峰秀子は、〝平然〟などではなく、文字通り〝超然〟としていた。

あらゆるものを超えていた。

肉親の愛情に恵まれなかったことも、学ぶ機会を奪われたことも、悪質なゴシップを書き立てられたことも、結婚してからも親戚に金の無心をされたことも、その親戚がボケた養母をガーゼの寝巻き一枚で松山家の玄関先に置き去りにしていったことも……何もかも。

それらを超えたところで生きなければ、自分の人生はない。それを、高峰は知っていたのだ。そして実行したのだ。

だが、そんな高峰が一度だけ、〝超然〟としなかったさまを私は目撃したことがある。

十五年ほど前、私がハワイの松山と高峰のもとへ何が何でも行くのだと、夏冬通っていた時のことだ。

最初は懐かなかった松山に、叱られて以来、私がひどく懐き、「とうちゃん、とうちゃん」と、一緒に公園に散歩に行ったりビーチへ海水浴に行くようになった頃でもある。

今思えば、高峰のそれは当然の反応なのだが、当時の私はものすごく驚いた。

午後は松山と公園へ行くという昼、高峰が妙に機嫌がよくないなと思っていたら、こんなことを言った、

「明美にはマクドナルドでも買ってきて食べさせる」

すると松山が、

「可哀相じゃないか」

ポツリと言ったのだ。

途端に、高峰の眉が上がった。

「何が可哀相なんですッ。じゃ、善三さんがどこかレストランへでも連れてってやればいいでしょッ。それでもう帰ってこなくてもいいわよ！」

松山、絶句。私は唖然。

かあちゃんがヤキモチを焼いた……。

だが一方で、私は感動していた。あぁ、かあちゃんは、こんなにもとうちゃんのことが好きなんだ、と。

自分のいないところで松山が自分以外の人間と楽しい時間を過ごすことが、高峰はイヤなのだ。たとえそれが、男の子のような女の子であっても。

しかし高峰はさっぱりした人だったから、爆発は一瞬で終わり、五分後には、「三人でチャイニーズへ行こう」と言って、いつものように出かけた。

超然として生きた高峰が、ただ一度だけ私に見せた、超然とできなかった場面である。

何でも、まず、やってみせることです

まもなく新潮社から高峰の著書『私のインタヴュー』が復刻される（二〇一二年六月刊）。昭和三十三年に刊行された本だ。アメリカから帰った原爆乙女、「親探し運動」で再会した親子、産児調節運動者、灯台を守る人たち、サーカスの女性たち、ニコヨンさん……これら当時の時代を映した人々を含む計十二組の女性達に、結婚まもない高峰が雑誌で一年間インタビューした連載をまとめた本である。

その中に「希交会の女中さん」という章がある。〝お手伝いさん互助会〟のような組織に所属している女中さん三人と、高峰が座談した章だ。

こんな会話が出てくる。

女中さんA「私は（そのお宅に）入るときに、なんかを習うことと、お休みを月二回下さらないといやですと言ったんです」

高峰「そうね、うちみたいにのべつ幕なしに用があるんじゃそれもできないわね。でも、一人女中さんが休みでいないときは私が代わりにやります、なんでも。やっぱり女中さんのすることをしてみないと、ものは言えないと思うわ、一応はできなくちゃアね。撮影のある時は何もしないけど」

このくだりを読んだ時、私は思った。高峰秀子という人は本当にブレない人なのだなと。

四十年後、私は同じ意味の言葉を、じかに高峰から聞いたからだ。

それは、私が高峰と松山の結婚当時のことを根掘り葉掘り聞いている時だった。高峰が、松山家にいた歴代のお手伝いさん達の話をしてくれたのだ。

裁縫も料理も書道もあらゆることに秀《ひい》でていたが、鯛の頭など平気で捨ててしまい食材の上等な部分しか使わないから、食費が嵩《かさ》んで困り果て、遂に谷崎（潤一郎）家に返してしまったベテランのお手伝いさん、あるいは六十過ぎて下町の自転車屋さんに嫁いだが、半年もせぬうちに「年寄りは臭《くさ》いです！」と言って松山家に出戻ってきたお手伝いさん、故郷の料理が食べたくてホームシックになり泣く泣く沖縄に帰ったお手伝いさん、地下のボイラー室を爆発させてしまった若いお手伝いさん……。

どの話もあまりに面白くて、私は大笑いしながら聞いた覚えがある。特に六十過ぎて嫁いだお手伝いさんの話は、本人のキャラクターが秀逸で、高峰の話術の巧《たく》みさも相まって、涙が出るほど可笑しかった。「高峰版台所太平記を書けばいいのに」と勧めたほどだった。

その時、言った言葉だ。

「結婚してしばらくは私もまだ女優をしてたから、毎日自分で台所に立って松山の食事を作るってことはできなかったけど、味付けだけは私がやりましたよ。料理でも掃除でも洗濯でも、ただ『やってちょうだい』では、ダメです。まず私が自分で全部やってみせて、『このようにしてください』と言うの。そうすると、相手も『女優のくせに結構やるナ』と思うわけ」

そして一拍置くと、静かな口調で、

「何でも、まず、やってみせることです」

ほぉー。

その時、私は何かがコトンと胸に落ちたような気がした。

このひと言は、高峰が自分とお手伝いさんとの関係性を語った、その〝まとめ〟とも受け取れるが、私には、それとは別の、もっと広い意味に感じられたのだ。

言い換えれば、「自分がすべきことを粛々とやることです」と。

それは、「子は親の背中を見て育つ」に似ているかもしれない。

しかし「背中を見て」いるのは、子ばかりではない。

人は誰でも、必ず、自分以外の人間の背中を見ているものだ。無意識であったとしても。

それが〝人の評価〟を作るのではないだろうか。「あの人はどんな人ですか?」と問われた時、「こんな人です」と答えてしまう、人物像のようなもの。

今、うちはヘルパーさんに来てもらっている。高齢の松山のためと、私自身が仕事をする時間を確保するために、お願いした。その人と接しているから、私は余計に高峰のひと言を実感するのだと思う。

私がその女性に向かって言う言葉には説得力がないのだ。

別に彼女が私の指示に従ってくれないのではない。私が自分では何もしないで「ああしろ」「こうしろ」と命令しているわけでもない。

彼女と接していると、いやでも自分という人間が見えてくるのだ。

たぶんそれは、彼女が、私が時々会って仕事の打ち合わせをする編集者と違って、私と明確な〝雇用関係〟にあるから、よりわかりやすいのだと思う。

何がわかりやすいかと言えば、私自身が持つ〝説得力〟の強弱がだ。

乱暴な言い方だが、仕事には必ず〝使う側〟と〝使われる側〟が存在する。人は使う側に立った時、一番、己の人間としての説得力を知るものだ。

仕方なくとはいえ、私は生まれて初めて〝使う側〟になり、それを痛感した。

たとえば、会社の会議などで、ある人が発言すると皆が揃って耳を傾けるのに、別のある人が発言した時は誰も聞く耳を持たないという現象がある。極端な場合は、同じことを言っても、Aが言えば人は聞くが、Bという人物が喋ると誰も聞かない。

スナック菓子をボリボリやりながら寝転がってテレビばかり観ている母親が「勉強し

なさい」と口うるさく言っても子供は「ふん」と横を向くのも同じだ。

恐ろしいことに、人は、その毎日の行いや発言、生活態度、もっと言えば、生き方が表に出る。生き方そのものを看板にしてぶら下げて歩いていると言ってもいい。

私は、高峰の最後のひと言を、そう解釈した。

生きる姿勢を指しているのではないかと。

だから人は、「あの人はどういう人？」と問われた時に「こういう人です」と答えることができるのだ。自分に良くしてくれたとか意地悪をしたとか以外の、自分とは関わりのないところでその人がした行いや漂《ただよ》わせる空気が知らぬうちにジグソーパズルの一つ一つのパーツとなり、それが集積して「こういう人」という人物像を結ぶのである。

高峰が最後に言った「まず、やってみせること」は、他者を意識した言葉ではない。人が見る見ないに関係ない、自分が何をするか、自分自身の問題なのだ。

これは高峰の特徴とも言える。

物事を判断する時、高峰は決して他者と比較しなかった。相対でなく絶対だった。そして〝きれいごと〟や理屈めいた精神論は決して口にしない人だった。そんな暇があったら本の一冊でも読みたい、美味しいお浸しでも作ったほうがどれほど有益か、そう考える人だった。つまり、ぐだぐだ言うより、とっととやることをやろう、とでもいうような。

その意味では、極めて現実主義だった。

毎朝決まった時間に起きて、雨戸を繰り、台所で松山のカフェオレを用意して、昼食をこしらえ、夕食の料理を作り、部屋を整頓し、来た手紙にはすぐに返事を出し……決まった時間にベッドに入った。この一連の生活態度は私が高峰を知った二十年余り、変わらなかった。八十歳を過ぎてからは、しんどかったと思う。だが、一日もそれを怠《おこた》らなかった。

私が知らない高峰の女優時代も同じだったと思う。タイムテーブルがではなく、自分に課したことを必ずやり遂げるという生活態度において。

だから、歴代のお手伝いさんや運転手さんが高峰に忠実であり、仕事相手や知人が、高峰を重んじたのだ。

生活態度を目の当たりにしなくても、ひとたび高峰秀子という人間に接すれば、わかったからだ。高峰が自分を叩き、叱咤《しった》し、誰よりも自分自身に最も厳しく生きている人間だということが。

自分に甘い人間には説得力がない。

人が本当に自分の言葉に耳を傾けてくれているかどうか。それを知るには、相手に聞くのではなく、自分の生き方に問うてみるしかないのだ。

「何でも、まず、やってみせることです」

この言葉を発する前に、高峰が置いたあの一瞬の間は、高峰秀子が日常の行いから普遍を導き出した四十年の歳月だったと、私には思えてならない。

食べる時は一所懸命食べるといいよ

私はどうでもいいことを妙に鮮明に覚えている癖がある。

これもそのうちの一つだと思う。

大学を出て教師になったばかりの、ある朝のことだった。私はバスを降りると、いつものように勤め先の高校に向かって歩き始めた。その時、側にある電車の駅から一人の先輩女教師が出てくるのが見えた。

私はわざと歩を緩《ゆる》めた。高校まで五分ほどの道のりをその先輩教師と一緒に歩きたくなかったからだ。その先輩教師によらず、どの同僚とも一緒に歩きたくなかった。世間話をしなければならなくなるから。

だが運悪く、相手に気付かれ、声をかけられた、「明美先生ッ」。

クソ、忌々しい。今では父となった松山善三が知ったら、激怒するだろう。「そんな汚い言葉を使うのはやめなさい！」と。だが事実、その時の私はそう思ったのだ。当時の私は何もかもが忌々しかった。勤めている高校も、校長も教頭も、同僚の教師も、そして何より教師をしている自分そのものが。

もちろん先輩女教師はそんな私の気持ちなど知るはずもなく、上機嫌で話しかけてきた、「こんなにお天気のいい日は学校に来るのがもったいないわね」。相手は明らかに「なぜですか?」と私が聞くのを期待していた。うるせぇババアだ。私はまた内心で毒づきながら、それでも逃げ場のない一本道を五分間も沈黙したまま彼女と並んで歩く度胸もないから、仕方なしに聞いた、「なぜですか?」。「だってこんなにお天気がいいとうちにいてお洗濯したいと思わない? よく乾くわよぉ」。くだらねぇ、くだらなすぎて頭痛がする。だがそうは言えないので、せめて本音を伝えた、「私、そんなことどうでもいいんです」。

私の母親ほどの歳の女教師は、一瞬驚いたように私を見た。そして結局、私達は黙ったまま学校まで歩いた。

洗濯など、私には考えるに値しないことだった。洗濯だけでなく、食べることも寝ることも、掃除も。衣服が清潔になりさえすれば夜中に洗濯しようが深夜に干そうが、かまわない。空腹が満たされれば、食べる物など何でもいい。部屋だって散らかっていなければ、それでいい。

人生にはもっと大事なことがある。

そう思って生きてきた。

高峰秀子という人に出逢うまでは。

高峰は、私が知る限り、三百六十五日、来る日も来る日も、黙々と同じ生活を続けた。

料理を作り、食器を洗い、それを戸棚にしまい、部屋を片付け、本を読み、寝て起きて、また料理を作り……。

くだらねぇ。二十代の頃、周囲の大人達が繰り返す毎日の営《いとな》みに対して、半ば軽蔑するようにそう思った気持ちが、高峰を見ていて、なくなった。

ある日突然なくなったのではない。水でもしみ込むように、諄々《じゅんじゅん》と、気が付いたら、「日常の生活などどうでもいい」という私の気持ちは変わっていた。

高峰は同じ繰り返しの日常の中で、松山の古くなった白のカシミヤのセーターをペリカンインクで鮮やかなスカイブルーに染め直し、庭に生えたフキノトウを摘んできてお浸しを作り、その苦みのある独特の味で、「美味いねぇ」と松山を唸らせた。

だが、たとえ考えは変わっても、生活態度まで簡単に変わるものではない。

私は高峰と出逢った頃、週刊誌の記者をしていた。忙しかった。食事など、とっとと済ませて仕事しなければ。今思えば、松山家に夕飯に招《よ》ばれていた時だけが、かろうじて私が人間らしい食事をしていた時間だった。

「書かなきゃいけない原稿のことが気になって、ご飯食べてても気もそぞろなんだ」

今から十五年ほど前の、ある土曜日の午後、私は高峰と電話していて、何気なくそう言った。月曜までに書き上げねばならない記事のことが苦になっていた。

するとポツリと、高峰が言ったのだ、

「食べる時は一所懸命食べるといいよ」

電話だから、顔は見えないのだが、私には高峰の優しい笑顔がハッキリと見えた。

ガサガサに乾いた地面に透き通った水をたっぷりかけてもらったような、こちらが恥ずかしくなるほど、高峰の言い方は清潔で、健気《けなげ》な感じがしたのを、今もよく覚えている。

「うん」、それだけ言って私は電話を切った。

しかし受話器を置いたあと、私は高峰と初めて一緒に食事をした時のことを思い出していた。

今気付いたが、それは高峰に初めてじかに対面した時でもあった。だから初対面で、いきなり昼ご飯を一緒に食べたのだ。

それは高峰が贔屓《ひいき》にしていた銀座のレストランだった。高峰はビーフストロガノフを食べた。白いご飯は別の皿に盛られていた。私も同じものを食べた。ビーフストロガノフのソースが美味しくて、私は付け合わせの野菜やご飯を食べながら、何とか舐める以外に、このソースを一滴残らず平らげる方法はないものかと考えたほどだった。

と、その時、高峰がごく自然に、ためらうことなく、別皿のご飯をビーフストロガノフのソースの中にフォークで運んできて、その美味しいソースと混ぜ合わせるようにして食べ始めたのだ。

私にはちょっと衝撃だった。つまり、まだその時の私にとっては、高峰は「かあちゃん」ではなく、「大女優の高峰秀子さん」だったからだ。

だが、それを見て、私は少し驚きながら、しかし電話と手紙のやりとりだけだったそれまでより、もっと高峰のことが好きになった。

高峰の食べ方は〝女優らしくない〟食べ方だった。

それはその後、数えきれないほど高峰と外で昼ご飯を食べるようになり、その度ごとに感じたことである。

「私、小食なの」「私は、もう結構」「こんな料理、口に合わないわ」と言わんばかりの上品ぶった、あるいは高慢ちきな食べ方ではなかった。もちろん食べ残すことなど絶対になかった。

料理が出されて、もし量が思ったより多い場合は、決まって、手をつける前に私の皿に取り分けてくれた。

そして黙々と、モリモリと食べた。

高峰は朝は熱いカフェオレだけ、夕食時はウィスキーの水割りを飲みながらだったから、そうたくさんは食べなかった。その分、昼食は、「かあちゃん、よく食べるね」と思わず私が言ったほど、しっかり食べた。

高峰に電話で先の言葉を言われてから思い出したのだが、その食べ方は単にモリモリ食べるのではなく、まさに〝一所懸命食べる〟という食べ方だった。

夕食は松山や私と何やかやお喋りをしながら食べたが、昼は文字通り黙々と食べた。まるで肉体労働をする人が、使ったエネルギーを補うように、これからの労働に備えるように、黙って、よく噛んで、自分の栄養として身体に取り込んでいるような。

食べることに集中していた。

食べる速度は、どちらかと言えば遅かったと思う。

だから大食いで早食いの私は、たいてい先に食べ終えて、「デザートは何かなぁ……」と考えながら、目の前の高峰の食べる姿を見ることになった。

その姿は、料理を作ってくれた人に感謝している風にも、私には見えた。これほど丁寧にしっかり食べてくれたら、料理人もさぞ満足だろうという食べ方だった。

ここでも、やはり高峰は野生動物に似ていた。

鳥でも獣《けもの》でも、動物が無心でものを食べる姿は、美しい。なぜなら、その瞬間、彼らは命をつないでいるからだ。生きることを肯定し、自分の命を大切にしているからだ。

高峰の食べ方は、エレガントであるという点で獣とは決定的に違うが、しかし、感じさせるものは同じだと、私には思えた。

食べる時は一所懸命食べるといいよ。

一所懸命、毎日を生きなさい。

未だに日常を大切にできない私への、それは、八十六年の生涯を十全に生ききった高峰秀子の遺言のように、今は思えてならない。

いつも心のノートを
真っ白にしておきたいの

高峰が死んで、きっかり一年半が経った。

今、一番思い出す、一番身につまされる高峰の言葉がある。

恐らく、かろうじて日常らしきものを取り戻したために、私が本来の私をも取り戻してしまったせいだろう。

弱い人間は、人の善意に感謝することを忘れ、些細な躓《つまず》きや人の悪意にのみ反応する。つまり、高峰が死んで、時間が経てば経つほど、私は本来の脆弱《ぜいじゃく》な自分に戻ってしまったのだ。

突然パソコンの調子がおかしくなった、予定した仕事が思うように進まない、航空機の機種が急に変更になり予約していた座席に座れなかった、担当編集者と私が懸命に刊行している高峰の本が「ブーム」と呼ばれるほど売れているこの機に乗じて、高峰と私のパクリ本を出すハゲタカが現われた……等々。

一年半前、人の生き死に以外、腐心すべきものなどこの世には何もないと肝《きも》に銘じたはずが、今の私の中には、怒りと呪詛《じゅそ》と軽蔑と殺意……ありとあらゆる汚いものが充満している。

そんな今、一番思い出す高峰の言葉。

「いつも心のノートを真っ白にしておきたいの」

何という言葉か――。

私の心のノートは真っ黒で、もうドロドロだ。

真っ白？　あり得ないよ、かあちゃん。

もし高峰がいたら、私はいつものようにグズグズと訴え、高峰は、ただ小さく溜息をつくことだろう、「しょうがないコだねぇ」と。

もし私が高峰の人生を、殊にその前半生を生きていたとしたら、養母か兄弟か親戚か、そのうちの少なくとも一人は殴っていただろう。あるいは自殺するか、他人を殺すか。いずれにしろ、自滅していただろう。

脆弱で気の小さい私でなく、他の誰かであっても、高峰の前半生を生きた上で、「心のノートを真っ白にしておきたい」などという心境には、絶対になれないはずだ。

それほど高峰秀子の半生は、修羅《しゅら》だった。

だが七十歳を超えたある日の午後、高峰は食卓で私と雑談しながら、サラリと言ったのだ、

「私は、いつも心のノートを真っ白にしておきたいの」

人は何か崇高《すうこう》なものを目の前にした時、我を忘れる。使い古してくたびれた自分自身

の肉体と精神をいっとき忘れる。

高峰のこの言葉を聞いた時、私はそうだった。

『山椒大夫《さんしょうだゆう》』の安寿《あんじゅ》と厨子《ずし》王丸《おうまる》の姉弟は、人買いに売られ、山椒大夫のもとで地獄のような日々を送る中、母から授けられた守本尊の地蔵様を拝むと、辛さも悲しみも何もかもが霧散《むさん》して、心が清められた。

別に私は人買いに売られることもなく、地獄のような日々も送っていないが、今、この高峰の言葉を思い出すと、安寿と厨子王丸のような気持ちになる。

真っ白……。

いかにも高峰らしい。と、この言葉を聞いた時も感じた。

高峰は白が好きだった。

台所に置いてあるトースターも、コーヒーメーカーも、炊飯器も冷蔵庫も、白を選んだ。

平成二年に家を縮小した時は、台所そのものを白く造った。

「汚れが目立つように」

普通は「汚れが目立たないように」と考えるものだが、ここが高峰の高峰たる所以《ゆえん》である。

これは、夫・松山に「ほとんどビョーキ」と言われたほどの癇《かん》性によるものでもあるが、もう一方で、高峰のものの考え方と非常に関係があると私は考える。

高峰は、感性の人であると同時に、極めて合理的な人でもあった。

汚れが目立たないより目立ったほうが、すぐに掃除ができて便利だ、というのは自明の理だ。

しかし多くの人は汚れが目立たないようにと考える。目立とうと目立つまいと、汚れている事実に変わりはないのに。

高峰は、ものごとにこだわらない人だったが、ものごとを有耶無耶《うやむや》にするのは好まなかった。表面だけをとりつくろうのはもっと嫌いだった。

人にわかるかわからないか、汚れが目立つか目立たないか、ではなく、人に知られて困る事実を抱えているか、汚れがあるかないか、その有無を重要視した。

汚れが生じればいち早くわかったほうがいい。

好まぬものは元から断つ。排除する。

それが高峰のやり方だった。

だから松山と国内を旅して、どこかの旅館の客室に入り、床の間に鮭をくわえた木彫りの熊とか布袋《ほてい》様の置物などがあると、すぐさま押入れにしまった。自分の目に触れる所にそのような、好まぬ、趣味に合わぬ物があってほしくないからだ。そして旅館を発つ時、再びもとに戻した。

そんな高峰にとって自宅の台所は、彼女が家中で最も大事だと考え、また、一日のうちで一番長い時間を過ごす空間だ。一晩や数日を過ごす仮の宿とは違う。

そこに自分の気に染まぬ物など置くはずがない。ましてや病的に清潔好きの彼女が、汚れを許すはずなど決してないのだ。

二十年ほど前、私は初めて麻布の松山邸に足を踏み入れ、台所を見た時、思わず「使ってるんですか？」と高峰に聞いた。

それほど、調理台も戸棚も引き出しも、何もかもが真っ白だった。ステンレスの流しと、ガスレンジは、鏡のようにピカピカだった。

「使ってますよ、毎日」

こともなげに答えたあの時の高峰の声音は、今思えば、意味深長だ。

五歳から〝金の生る木〟になってしまった高峰の周囲には、いつも人間の欲望や欺瞞《ぎまん》や悪意がうごめいていた。幼い高峰が、少女の高峰が、二十代の高峰が、どれほど嫌悪しようと排除しようと、人間の負のベクトルが彼女をあざ笑うようにその心の内へ入り込んできたことだろう。

いつの頃から、高峰は、心のノートを真っ白にしておきたいと考えるようになったのか……。

たぶん高峰に聞けば、答えると思う。

「物心ついてからずっと」と。

もちろん高峰がいない今、これは私の推測だ。だが必ず当たっていると私は確信する。

良くも悪くも、人はそうそう簡単には変わらない。少なくとも黒が白に変わることなどあり得ない。

「私が金を稼ぐからそんなオベッカを使うんだろう」、控室に「秀ちゃん、出番だよ」と愛想笑いを浮かべて迎えにきた助監督に対して、そう思った人だ、わずか五歳の時に。

裏を読むと思えば悲惨だが、しかし、人生から子供時代を奪われたことのない人間に、それを悲惨と言う資格があるだろうか。

高峰秀子は急に高峰秀子になったわけではない。

五歳から大人として生き、自分で自分を叩き上げて、本当の大人になっていった人だ。

老いて七十を過ぎ、ある日、私にポツリと言った言葉。

「いつも心のノートを真っ白にしておきたいの」

高峰は、どんな思いでこの言葉を吐いたのか。

汚すよりきれいにするほうが、エネルギーが要る。溜めこむ行為より捨てる行為のほうが、難しい。

冷蔵庫の棚にできたかすかな輪ジミを見つけて、「こんなことするの、とうちゃんだよ」と悪戯《いたずら》っぽく笑いながら、麦茶の容器を持ち上げると、濡れ布巾でキュキュッと拭き取っていた高峰の小さな背中を思い出す。

八十年、この人は、そうやって自分の心のノートを、一点のシミも残さず真っ白に保ってきたに違いない。

「亀の子束子《たわし》に至るまで、私が嫌いなものはこの家の中には、何一つありません」

そう、言いきった人である。

白い台所に立つたび、私は、高峰秀子の心を思い出す。

私は、イヤなことは心の中で握りつぶす

その言葉は、それまで私が高峰について抱いていた疑問に答えてくれた。

なぜ、この人は、いつもこれほど心穏やかでいられるのだろう？

その答えは、前回取り上げた「いつも心のノートを真っ白にしておきたいの」という高峰の言葉を彼女自身がいかにして実現してきたかの答えでもある。

高峰の人生は、彼女の自著『わたしの渡世日記』からもわかる通り、非常に複雑で、波乱に富み、生きるに容易でない歳月の連続だった。

昭和四十九年、当時の週刊朝日の名編集長・扇谷正造《おうぎやしょうぞう》が、ウィスキーボトルを片手に松山家に日参し、「とんでもない」と固辞する高峰秀子に一年間五十二回にわたる連載を書かせたのが自伝『わたしの渡世日記』である。高峰によれば、実際は、説得と言いながら、扇谷は来るたびに楽しそうに酒盛りをしていたそうだが。

「書く」と言うまで梃子《てこ》でも動かない扇谷の熱意に負けて、翌年ようやく連載は開始に至ったのだが、その時、高峰がこのタイトルを提案すると、扇谷は「『渡世』っていうと何だかヤクザみたいでよくないよ」と難色を示したという。だが高峰は「いえ、私の人生はまさに〝渡世〟だったのだから、このタイトルが合っている」と譲《ゆず》らなかった。

「私の人生はまさに〝渡世〟だった」。高峰自身が言ったことでも、その半生の一様でなかったことがわかる。

実母の葬儀の翌日、叔母によってさらわれるようにして北海道から上京し、その叔母の養女になったこと。一年もしないうち、五歳で映画の子役にさせられたこと。デビューした途端「天才子役」と騒がれ、以来一年に二十本以上の映画に出演し、小学校にも通えず、養父母を養う立場になったこと。十三歳からはその上に十数人の親類の生活まで負わされたこと……。

中でも、高峰にとって最も辛かったのは、俳優という職業が性に合わないと気付いたことと、養母となった叔母が生き方、考え方において自分とは相いれない人物だったことである。

高峰の養母・志げの行状について詳細を知るには拙著『高峰秀子の捨てられない荷物』を読んでいただくしかない。なぜなら、高峰が『わたしの渡世日記』で描いた養母は、どこまでも〝母親〟であり、またどこまでも「小さい頃、抱いて寝てくれたかあさん」へのある種の敬意を高峰が守り切ったからである。だが私は、別に志げに抱いて寝てもらったわけでも、卵かけご飯を食わせてもらったわけでもないから、事実を容赦なく、余すところなく拙著に書いた。また高峰も、自著に書かなかった、書けなかったことを、私に書かせてくれたので、養母の、あるいは血縁達の高峰に対する〝非道〟が具体的に記されているからだ。

いずれにしても、「金さえあれば團十郎だって買えるんだ」と豪語した養母・志げが、高峰の「渡世」の中でも、最も超えるに辛い元凶だったことは間違いない。

つまり養母は、何から何まで高峰とは正反対だった。

まず、ヒステリーだった。

確か、私が高峰と出逢ってまもない頃、今から二十年ほど前のことだ。

高峰のお気に入りだった鳥居坂の国際文化会館で打ち合わせをしていたら、突然、高峰が言った、

「イヤだ、あなたの白目、青白い」

今はもう年なので、私の白目も青味を失ったが、当時は青白いほど白目が白かった。

しかしそれがなぜ「イヤだ」なのだろう?

と、高峰が続けた、

「デブ（高峰はいつも養母をこう表した）とおんなじ。デブも白目が青白かった。そういう人はヒステリーなのよ」

それは是非イヤだ。既に養母についてかなりの知識があった私は、ひどくガッカリした。と同時にドキッとした。私には確かにヒステリーの気があるから。

だが、私はせいぜい泣きじゃくるくらいだけれど、志げはケタが違った。

まだ高峰が二十代前半だった頃、志げはあることで逆上し、これから撮影所に出かけようとする娘・秀子に、玄関の三和土《たたき》で椅子を投げつけたことがある。

この話を初めて高峰に聞いた時、私は心底驚いた。そしてなぜか、間抜けなことを思ったのも覚えている。椅子って重いよね、と。

あるいは志げは、毎日、高峰の撮影が終わる時間を事前に調べておいて、少しでも予定より帰宅が遅くなると、「どこへ行ってきた？　男と逢ってきたんだろう」と下劣な言葉を投げつけた。しまいには、自分の手下であるお手伝いさんの一人を高峰に付けた、スパイとして。

養母の行状についてここで書きつくすことは不可能なのだが、要は、志げという人は高峰をがんじがらめにしていたのである。その行動を逐一監視し、高峰宛てに来る手紙は全て無断で開封し……。

「デブと話していて、私が『つまり……』って言うと、目を吊り上げて『つまりとは何だッ、生意気な！　利口ぶるんじゃない！』って、もう大変だった。だからまともに話もできなかった。何か言えばつっかかってくるからね」

かつて高峰が溜息交じりに私に言ったことがある。

しかし養母のそのような攻撃的かつ無茶苦茶な反応に対して、高峰は一切抵抗しなかった。

玄関で椅子を投げつけられた時も、身をかわした拍子に三和土で転んでしまったが、すぐに起き上がると、スカートをパンパンとはたいて、眉一つ動かさず撮影所に向かった。そしてスパイとして付けられたお手伝いさんは、すぐに高峰の味方になった。

だがこのように、安息の場所であるべき自宅は針のむしろで、そこから、自分の好まぬ女優業を行わねばならない撮影所という仕事場へ、高峰は、少なくとも松山善三に救われるまで四半世紀、来る日も来る日も行っては帰り、帰っては出かけていたのである。

「だから家では鎧をつけて、仕事場では仮面をつけてたわけ」

高峰は言った。

それこそ『高峰秀子の捨てられない荷物』を書くために、私が高峰にインタビューしていた時だから、平成十二年の秋である。

私はかねてからの疑問をぶつけた、

「だって、いくら鎧と仮面を付けようとしても、家で養母にひどいことをされた直後に撮影所でカメラの前に立って、平静な表情はできないでしょう？　気持ちが乱されて役になりきれないってことはなかったの？」

すると高峰は、静かに、だがきっぱりと言い切った、

「**私は、イヤなことは心の中で握りつぶす**」

たぶん時間にすれば、一秒か二秒、私は高峰の顔を見つめた。というより、釘づけに

なったというのが正確かもしれない。

答えたのが高峰秀子でなければ、私はなおも「でもそれでも……」と食い下がっていたと思う。

しかし、私はそれ以上聞かなかった。

この人なら、そうだろう。言葉通り、きっと自分の中だけで、あらゆる嫌悪や腹立しさを握りつぶして、跡形もなく消し去ってきたに違いない。そう思えたからだ。

この言葉を口にした時、高峰の深い瞳に、わずかだが〝険〟が走った。

その一瞬の険しさの中に、私は、高峰秀子がそれまで抱えてきた過酷と、それを超えてきた覚悟の固さを、見たと思った。

高峰は口数の少ない、無駄を言わない人だったが、発する言葉には常に、有無を言わせぬ説得力があった。

それは、彼女の言葉がいつも「生きること」と直結していたからだ。

生きてきた行いの裏付けがない言葉は口にしない人だった。

自身にまとわりつくあらゆる負の要素を、忘れるのでもなければ避けるのでもなく、握りつぶす。

いかにも高峰らしい。

気が付くと、高峰の表情はいつもと同じ、湖面のような穏やかさを湛《たた》えていた。

だが私がその目の中に確かに見た、一瞬の凄み――。

打ちのめされた心や悲しみを決して表に出さない、高峰秀子の人としての矜持《きょうじ》に、あの時、私は見惚《みほ》れたのだ。

緊張してたら太りませんッ

高峰は、説教めいたことを一度も言わなかった。そういう精神構造は持ち合わせない人だった。他人は他人、自分は自分。ハウ・ツウは自分で考えろという人だった。

だが私は、高峰から学び教わったと感じて、彼女の言葉の中に人生訓を見出した。それほど高峰がふと口にする日常の言葉は、示唆《しさ》に富んでいた。と言って、何も私は、高峰の日常の行動や発言を注視していたわけではない。もちろん何かを学び取ろうと努力したわけでもない。今となってはその努力をしておけばよかったと悔やむほど、全く普通の生活を送っていた。一緒にご飯を食べ、雑談をし、冗談を言って笑い、甘え、時には叱られ……。

今から十五年ほど前、季節は忘れた。

季節を問わず、そのテーマを、女はいつも気にしているのだ。

太ること。

私も若い頃はスマートだった。いくら食べても太らなかった。だが三十の半ばを過ぎ、四十の声を聞く頃には、ダブつき、今では、これが他人なら許さないぞというくらい、みっともない体型になっている。

そんなことはともかく。

あれは、ただの愚痴だった。

午後、食卓で高峰と何ということもない話をしていた時、私は自分の横腹の肉を摘まみながら、つい、こぼした、

「この頃、太っちゃって……。イヤになるよ」

と、美味しそうに煙草を吹かしていた高峰が、私に一瞥《いちべつ》をくれるや、一言、言った、

「**緊張してたら太りませんッ**」

グッ。

高峰は仕事の打ち合わせでもない限り、あるいは「何が食べたい？」などという日常の質問を除いては、ほとんど相手に返事を求める会話をしない人だった。

自分の考えを言って、終わり。それを相手がどう受け止めようと、そんなことは知らないという姿勢だった。

悪く言うと、会話が続かないタイプ。だから多くの人は二の句が継げず、しまいには高峰を怖がるというパターンだった。

だが私は高峰の話しぶりが大好きだったし、実際、高峰と大いに会話が弾《はず》んだ。

だがこの時は、絶句した。というより、唸った。

まさに、真理だった。

私は聞いた、

「かあちゃんは普段も緊張してるの？」

女優業もやめ、その生活を背負わされ続けた親類ともとうに縁を切り、心安らかな生活をしている今なのに、と私は考えたのだ。

「してますよ。台所仕事をする時だって緊張してるよ。特に火を使ったり包丁を使ったりする時に、気を抜いたら危ないです。お鍋を火にかけてる間だって、不用意にその場を離れたりしたら、料理が台無しになります」

高峰の言葉は、常に現実と直結している。

精神論や観念論は、ない。

私は高峰の答えを聞いて、思い出した。

いつだったか、高峰と、高峰が仲良しだった隣家のW夫人と三人で、六本木のイタリアンへ昼食をとりに行ったことがある。

店の入口を、W夫人、高峰、私の順で入っていこうとしていた時だ。

高峰がW夫人に後ろから小さく声をかけた、

「K子さん、段差がありますよ、気を付けて」

その店は、私は初めてだったが、W夫人と高峰は既に一度来ていた。

だが高峰は、初めて来た私にではなく、W夫人に足元に気を付けるよう促した。W夫人はとても気のいい人で、高峰が自身の随筆の中で「親切が洋服を着たような人」と表したくらいだ。だからその分、呑気な人でもあった。

一度など、松山家の車で出かけるというので、朝、W夫人がやってきたところ、高峰が溜息をつきながら夫人の肩の辺りを指摘した、

「ホラ、K子さん、また」

夫人のブラウスの右肩の、パッドがひっくり返っていたのだ。

「また、秀子さんに叱られちゃったぁ」

高峰より五歳も年上のW夫人は、乙女のようにはにかんだ。

ついでに言うとW夫人はすごい美人だった。私が知った時には既に七十代半ばだったが、若い頃は人が振り向くほど美人だったろうと思えるほど、顔立ちが良かった。事実、夫人のご主人は「深窓の令嬢」として週刊誌のグラビアを飾った夫人に一目惚れして、許嫁《いいなずけ》をフッてまで結婚したと聞いている。

ま、それもともかく。

つまり、高峰はそんな夫人の性格をわかっているから、入口で躓かないよう事前に注意したのである。

だが、今考えると、同時に私にも注意を喚起したのだ。私など夫人よりもっとうっか

り者だから。

高峰が蹴躓いたり、何かを置き忘れて探し回ったり、「あッ」と声をあげたり……、そういう「つい、うっかり」をしたのは見たことがないが、さきほどのレストランのように誰かに事前に注意したり、「あれは持ちましたか？」と確認してやっている姿は数えきれないほど、見た。

私がまだ松山家の近くのアパートに住んでいた頃、時々、自分の食料を買い出しに行く時に高峰から頼まれた食料も買って届けていた。そういう時は、自分用の肉など生ものは、夕飯をご馳走になって帰るまで、松山家の冷蔵庫に入れておいてもらう。

一度目、黙って入れておいて、置き忘れた。

「あんた、お肉、忘れて帰ったでしょ？」

高峰から電話がかかった。

「あ、ごめんなさい。明日取りに行きます」

でないと、松山家は私が買っているような安い肉は食べないし。

二度目は、高峰にことわった。

「かあちゃん、お肉、帰るまで冷蔵庫に入れさせてね」

それでも忘れて、たらふく美味しい夕飯をご馳走になったあと、さんざん高峰に甘えて、部屋を出ようとした。

「ホラ、ホラ、お肉」

高峰に言われて、慌てて冷蔵庫から肉を出して持って帰った。

三度目からは、こう言い始めた、

「かあちゃん、冷蔵庫にお肉入れたから、覚えといてね」

このことに限らず、後年、私は何につけても、「かあちゃん、覚えといてね」を連発していた。八十を過ぎた高峰に。

それほど、高峰は「うっかり」しない人だった。

隙がなかった。

一度聞いたこと、見たことは、絶対に忘れない人だった。そして自分だけでなく、周囲の人間にも失敗しないよう気を配った。

緊張していなければ、できない。

要は、何事にも神経が集中していた。まるで優れたスポーツ選手が指の先まで神経をいきわたらせているように、全身の五感が研《と》ぎ澄まされていた。

松山と三人で珍しく夜、近くへ食事に行く時、横断歩道で立ち止まっていたら、

「ボタンが落ちてる」

高峰がポツリと言った。

見ると、暗い道の足元に、小さな黒いボタンがあった。

信号だけ見ている人ではなかった。

「よく疲れないね」

常に緊張していると応えた高峰に、私が聞くと、

「性分です」

その顔が実に柔和《にゅうわ》だった。

緊張していても、力まず、いつもゆったり構えていた。

様々なダイエット法にトライするより、我慢して減食するより、常に神経を集中させておく。それだけで太らない。

ただし、高峰は、間食を一切しなかった。痩せたことを気にしてあえてキャラメルを舐めていた時期を除いて。そして三度の食事を決まった時間にきちんと、朝はカフェオレだけ、昼はたっぷり、夜は軽く。

実に金のかからないダイエット法ではないか。

人は易きに流れる。悪い性分はバイキンのように生き延びて、良い性分はガラス細工のようにもろい。習慣も同じ。

悠々として答えた高峰の最後の一言に、私は、高峰秀子のたゆまぬ克己《こっき》を、見た。

そして高峰の、最期まできれいにくびれていたウェストを思い出す。

あれは怪しの者です

この言葉を初めて高峰から聞いたのがいつなのか、正確には覚えていない。

だが高峰自身が「怪し」と感じた最初は、間違いなく五歳の時。実母の葬儀の翌朝、函館から東京へ、叔母によって連れて来られた時であることは間違いない。

「私がお前のかあさんだよ。さ、『かあさん』と呼んでごらん」、そう言われても五歳の秀子は実母の死を覚えている。目の前の太ったオバサンが自分の母親でないことは知っている。だから呼べなかった。

「かあさんと呼ぶんだよ。さぁ、呼んでごらん。かあさんって言いなさい!」、だが毎日責め立てられ、遂に秀子は半べそをかきながら、「かあさん」と呼ぶ。

実父の妹、養母・志げ。

高峰の半生を牛耳《ぎゆうじ》り、その生涯に消し去りがたい傷跡を残した、いわばモンスターの如き人物である。

五歳の時、泣きながら養母を「かあさん」と呼んだ時のことを、高峰は拙著『高峰秀子の捨てられない荷物』に寄せてくれた「ひとこと」で次のように記している。

〈いずれにしても、私の中で実母と養母とカアサンがごちゃごちゃになった時点から、私の根性は時計の秒針が動くようにゆっくりとねじれはじめたにちがいない。おまけに、それまでどこかで眠っていた「人間不信」という小さな種が芽をふきだして、私の成長につれて枝葉を広げ、やがて「人間嫌い」という大木になっていった。〉

「あやしの者だと思いましたね」

かつて私がインタビューした時、高峰は養母をそう評した。

まとめた談話を確認してもらうと、私が「妖しの者」と表記した箇所を、

「『妖し』だと妖艶というイメージがあるから、『怪し』のほうがいい」

高峰には珍しく、訂正した。

そうか。こう書いていて思いだした。

高峰から初めてこの言葉を聞いたのは十一年前、やはり養母についてだった。

その後も、何度か、高峰はこの言葉を口にした。

「前に私の評伝を書きたいと言ってきた人がいたけど、怪しの者だと思ったから、断った」

あるいは、私がある著名人のことを「なんか好かない」と言うと、

「あれは怪しの者です」

実に絶妙な表現だと私は思う。

「怪しの者」という一言に、その人間についての様々な要素と、加えて、いわく言い難

いニュアンスが含まれている。

正直でない、誠実でない、裏表がある、いい加減、品がない、ずる賢い……。つまり、信用できない人物。だが時として、世間では結構認められていたりする人物。場合によっては社会的にとても高い地位にいることもある。

物心ついた時から、必ず一人や二人、いや、もっとかもしれない、高峰秀子の周りを徘徊していたであろう種類の人間である。

そして高峰以外の人間はそうは思わない場合があるから、厄介な人種。

現に、高峰の評伝を書きたいと言ってきた人物は、その世界ではかなり認められていた。

私がこの表現を高峰から聞くたびに感じたのは、その言葉が放つ動物的直感である。

具体的な証拠を示すのは難しいが、どこかイヤぁなものを感じる、近寄りたくない、そういう匂いを表すのに絶妙なのだ。要は、いわく言い難いニュアンス。

高峰の感性には及ぶべくもないが、私も直感で人を判断する。「あの人、いい人だよね」「頭がいい」「仕事ができる」……人がいくら肯定しても、私は近寄りたくない、そう思える上司や同僚が、かつて働いていた組織に、何人かいた。

善悪を基準にするのではない。感じようとして感じるのでもない。ましてやその時点でその人が私に何かひどいことをした事実があるわけでもない。

ただ感じてしまうのだ、近寄りたくないと。「ただの感じじゃないか」と言われればそれまでだが、「感じ」は無視できない。

そこには必ず、感じた人間なりの判断材料がある。顔、体型、服装、態度、歩き方、話しぶり、使う言葉……その人間がぶら下げているもの全て。

それらがその人物が醸《かも》し出す空気になる。

それを感じる。そしてそれが自分と相容《あいい》れないと感じた場合、警戒信号が点滅する。

そんなもの一向に感じないと言う人は、ある意味で幸せかもしれない。

何しろそれは、いくら「感じるのだ」と頑張っても、所詮「感じ」であって、一般を説得するには弱い。「独断と偏見じゃないか」とそしられる。

だが感じてしまう人間はその警戒信号を押してまで対象に近づき、あるいは仕事を共にしたりすると、殆どの場合、「やっぱり無理だった」という具体的な出来事が起こるものなのだ。

私の場合は、必ずそうだった。

高峰が賢明なのは、端《はな》から近づかない、近寄せないことである。

そして普通の人間が十メートル接近しないと感じない匂いを、たとえるなら百メートル手前で嗅ぎわけるほど、センサーが高性能だった。

しかし不幸にも、高峰は養母を選ぶことはできなかった。職業を選ぶこともできなかった。

おおよそ高峰が身を置かざるを得なかった芸能界そのものが魑魅魍魎《ちみもうりょう》の跋扈《ばっこ》する、怪しさ満点の世界である。天国と地獄、のるかそるか、金、名誉、色、様々な人間の欲望が渦巻いている。

その中を高峰は、わずか五歳から生き抜いてきたのだ。

もしかしたら、感受性の鋭さは生まれつきかもしれない。用心深さも天性のものかもしれない。

だが、それよりもなお、「性に合わない」世界で生きていくしかないと悟った少女が、しかも大枚を稼ぎだす少女が、己の身を守るために、もっと五感を研ぎ澄ませ、もっと警戒心を強くして、生きてきたことは確かだろう。

高峰のあの切れるような感性がなければ、高峰秀子は死ぬまで女優をしていたはずだ。老いた顔に白粉《おしろい》を塗り、皺《しわ》をひっぱり、年齢に不相応な服装をして、どこまでも養母と血縁に寄生されながら、ひたすら金を稼ぐため不本意な作品に出続けていただろう。

もちろん松山善三とも結婚していない。

高峰にとって〝己の身を守る〟ことは、自分という人間を保つことであり、自分自身が少なくとも納得できる自分であり続けることだった。

センサーは、そのための唯一の武器だった。

高峰は好き嫌いが極めてハッキリしていた。

「亀の子束子一つ、私が気に入らない物はこの家には何もありません」

そう言い切った人である。

殊に人間に対して顕著だった。

だが「嫌い」という言葉は殆ど使わなかった。「人間嫌い」とは言っても、特定の人物に対して「嫌い」という言い方は滅多にしなかった。

それほど高峰は、苦労していたのだと私は思う。「嫌い」と一言、短絡的に切って捨てられるほど甘い人生を生きてこなかった。人間のやむにやまれぬ生き様を見過ぎてきたのだと思う。

そして「嫌い」より「怪し」と思える人物のほうがどれほど危険か、知っていたのだと思う。

生まれて初めて認識した大人、しかも最も近い身内である養母が、「怪しの者」と表現せざるを得ない人物だとわかった時、高峰は何を思っただろう。

最晩年、高峰は養母のことをこう言った、

「あの人はペケです」

既に養母との歳月は完結した、と私は感じた。高峰のトラウマは消えたのだと。

「怪しの者」にはほんの少しだが、まだ高峰に接近できる可能性がある。

しかし「ペケ」は、高峰秀子の、二度と覆《くつがえ》ることのない、鉄壁の最後通牒《つうちょう》である。

「あの人はいい人でいい人で……」
なんて言われる人で、
芝居の巧い役者がいたためしがありません

以前、私がある女優にインタビューした時のことだ。

その人は、私が取材した多くの女優の中で数少ない、感じのよい人だった。だから一度ならず、何度か取材させてもらい、この時はその何度目かだった。

彼女の生い立ちや、どういう経緯で女優になったのかなど、過去の出来事について改めて確認するように訊いていると、彼女がポッリと言った、「新人の頃はずいぶん苛められたこともあって……」。

私は即座に訊いた、「誰にですか?」。だが、「いえ、まぁ、それは……」と、その女優は口ごもった。

私なら、すぐに実名を挙げて、苛められた時の様子をビデオでも再生するように事細かに話すところだが、彼女はそんな性格ではない。

だがしばらくして、私は改めて「さっきのこと、○○さんですか?」と、彼女の新人時代に周囲にいたであろう女優の名前を挙げてみた。

「ううん、そうじゃなくて……△△さん」。私とは何度か会って多少気心が知れているから、まぁこいつならいいやと思ってくれたのか、少し躊躇《ためら》ったあと、彼女は実名を明かした。

ほぉ。内心で私は思った。

もちろん記事にするつもりなどなく、他言するつもりもなかった。

だが、高峰には言った。

他の人間には決して喋らないことでも、高峰にだけは私は何でも話していた。

高峰は口が固く、何より、こちらが言うことを正確に理解してくれる。

「△△さんにすごく苛められたんだって」

数日前の取材のことを、私は話した。

普通は、「まぁ、そうなの」と単に事実に興味を抱くか、興味がなければ生返事をするか、「ひどいわねぇ」と苛められた女優に同情するか、あるいは「へぇ、あの人が」と、苛めた女優に対して意外な驚きを見せるか。

高峰の反応は、そのどれでもなかった。

「そうでしょうね」

こともなげに言った。

高峰はものに動じない人で、それは十分私も認識していたが、この時の「それがどうした」と言わんばかりの一言には、虚を衝《つ》かれた思いがした。

続けて高峰は言った、

「そんなことぐらいするでしょうね」

そのあとには明らかに「△△さんなら」という一言が続く文脈だった。

だがそれは、苛めた女優△△を非難するのでもなく、もちろんその行為を肯定したり△△に味方するのとも違って、別に不思議ではない、ごく当たり前のことではないかという、言ってみれば、公平な言い方だった。

そしてさらに言った高峰の一言で、その意味は決定的に解明された。

『あの人はいい人でいい人で……』なんて言われる人で、芝居の巧い役者がいたためしがありません」

高峰の言葉は、殆どの場合、聞いている相手がそれを受けて何か応えることが難しい。完結しているからだ。

真理を突いているからである。

たとえ高峰の言葉のあとに何か言っても、それは文字通り蛇足《だそく》であり、無駄が空を切って、言った本人も空しくなるほど、無為だ。

せいぜい、唸る。それだけである。

私も、この時、心の中で唸った。

△△という女優は、極めて演技が巧い。映画で脇を務めると、それこそ唸るほど、巧い。私も一度は是非インタビューしてみたいと思って、遂に叶わなかった人である。

高峰もかつて、ある映画を挙げて、「あの映画の△△は巧かったねぇ」と言ったことがある。

要は、高峰の言うことを単純化すると、

〈人に「いい人いい人」と言われる役者は往々にして演技が下手で、演技が巧い役者は少なくとも人に「いい人」とは言われない〉

ということだ。

なら、悪い人が演技が巧いのかと言えば、そうではない。

高峰の言う「いい人」とは、善悪の「善」とは違う。

そしてもとより、高峰は善悪の問題を言っているのではない。

その人物に常識があるなしという問題でもない。

高峰が言った「いい人」とは、言わば〝トゲ〟がない人。

トゲで他人を刺さない人である。

円満、と言ってもいいかもしれない。

いびつでない、とも言えるかもしれない。

丸くツルンとしていて、誰に対しても優しく、従ってその人を悪く言う人も殆どない。

もしかしたら、これは私の郷里の高知独特の表現なのかもしれないが、〝結構な人物〟ということである。

私は高峰の言葉を聞いた瞬間、唸り、次にそれがストンと心に落ちた。

役者という商売は、自分の生身を媒体にして人間を描く仕事である。

当たり前だが、どの人間も一面だけでなく、多くの面を持ち、また一人の人間の中に必ず天使と悪魔が棲んでいる。

その度合いと棲まい方によって、人の人柄が決まるものだ。

役者は自分が扮する人物の一面だけしか表現できなければ失格である。

人間の美しい面も醜い面も、理解した上でどの程度それを自分が扮した人物に投影するか。さらにはそのどちらとも言えない、微妙な人間性を表現する、そこが力量である。

美しい面だけ演じるのは大根役者であり、ましてや自分をただ美しく見せたいような女優は、問題外だ。

以上のことが、高峰の一言を聞いた時、私の頭の中を駆け巡った。もちろん、文字にすれば、だが。

と同時に、「ならば、かあちゃんは？」と、自分に問うた。

高峰には問わなかった。

なぜなら、答えはわかっているからだ。

高峰は自分を「いい人」などとは思っていない。

私もそうは思わない。

繰り返すが、この場合の「いい人」とは、善悪を基準にしているのではない。あくまで、演技をする人間において、の話である。

たとえば高峰の代表作の「浮雲」。

高峰が扮した主人公の幸田ゆき子は、ある意味でどうしようもない女であり、同時に普通の女である。相手役の森雅之が演じた男は、さらにどうしようもない人間であり、どこにでもいそうな男だ。だから物語は泥沼のように辛く、切なく、これじゃあ救いがないと思えるほど、観ていて、心ふたぐ。

だがそのどうしようもないものが、人間なのだ。原作者の林芙美子も、人間のどうしようもなく割り切れない、答えが出ない様を描きたかったはずであり、どこにでもいる人間を描いて右に出る者のない成瀬巳喜男《みきお》監督は真骨頂を見せ、主役の高峰と森雅之は、これ以上ないというほど人間が持つあらゆるどうしようもなさを演じ切った。

だから、観て心ふたぐが、観客の心をとらえ、日本映画の金字塔と言われるのだ。

高峰が「いい人」なら名作にならなかった。森雅之が「結構な人物」なら、駄作になった。

世間が高峰の代表作の一つに挙げる「喜びも悲しみも幾歳月」を、高峰はこんな風に言ったことがある。

「演《や》っていてつまらなかった。あれ（主人公の女性）は、私でなくても、誰でもよかった」

これも、私はすぐに納得できた。

あの主人公の女性は絵に描いたような模範人間であり、悪魔など影もない。

木下恵介監督は物語に登場する個々の人間の心の襞《ひだ》より、彼らが象徴する生き方の美徳を、あの作品で描きたかったのだと思う。そのために、あえて人物造形をマニュアル化した、と思える。

それゆえ、高峰には〝しどころ〟がなく、演じていてつまらなかった、ということになるのだ。

「高峰秀子さんはどんな人でしたか?」

もし誰かにそう問われたら、私は「いい人でした」とは絶対に答えない。

「すごい人でした」と答える。

修羅を生きた人であり、役者とは何か、人間とは何かを知り尽くした、強大な天使と悪魔を併せ持つ、怖い人だった。

女優の末路なんて惨めなもんです

高峰秀子は五歳で映画デビューしている。

作品は野村芳亭《ほうてい》監督の「母」。昭和四年だからもちろん無声映画である。野村芳亭は、「砂の器」や高峰が主演した「張込み」など数々の名作で知られる野村芳太郎監督の、父親だ。父子二代の監督で主演を務めた女優は、日本映画界で高峰ただ一人である。

夫に先立たれた若く美しい女が幼子二人を抱えて健気に生きているが、やがて病に倒れて死ぬ。残された幼子は心優しい女性が育ての母となり……。物語は、当時一世を風靡した芳亭監督お得意の「母もの」、満都の女性の涙をしぼった人気作だ。

もちろん高峰が幼い兄妹の妹役。最近、高峰の古いファンが貴重な映像を提供してくれて私は初めて観ることができたのだが、五歳の高峰の、何と愛らしいことか！　俗に言う「食べちゃいたいくらい可愛い」のである。しかもきちんと芝居をしているから、まるで玩具の人形が動いているようなのだ。高峰に心酔している私でなくても、観れば誰もがそう思うはずだ。実際、当時の観客も皆そう思ったから、高峰はデビュー作でいきなり「天才子役」と呼ばれて人気を集め、すぐさま「続・母」が制作され、その後、実に五十年という、本人さえ予想しなかった長きにわたり、日本映画のトップスターとして走り続けることになるのだ。

このデビュー作について、私がある連載のために高峰に話を聞いていた時のことだ。

生みの母親役を演じた女優・川田芳子は当時三十四歳。盛りを過ぎたとはいえ人気が高く、松竹の看板女優だった。「母」の撮影中、五歳の高峰は蒲田撮影所近くにあった川田邸に招かれ、夕食をご馳走になったそうだ。

「自宅に行くと、川田芳子は日本間でゾローっと振袖を着ていて、母親が側で何から何まで世話を焼いてた。それを見て、『この人はダメだな』と思った」

五歳で。

高峰の観察眼と洞察力は、長じてではなく、既に物心ついた時から鋭かったのである。

「川田芳子は新潟訛《なま》りがひどくて、トーキー（有声映画）になるとすぐにダメになって、その後は『毒婦お伝』の実演なんかでドサを回ったたって聞いてる」

高峰は言った。

この時、私は自分で調べた情報も伝えた。

「川田さんは養女を貰ったんだけど、その養女にも早く死なれて、松竹の城戸四郎所長が月々送ってくれる慰労金で何とか暮していたらしいけど、一時は熱海の旅館で仲居までして、最後は埼玉県の六畳一間のアパートで孤独死したそうで、管理人の知らせで駆けつけた飯田蝶子《ちょうこ》が……」

黙って聞いていた高峰は、私が話し終わると、一拍置いて、言った、

「女優の末路なんて惨めなもんです」

私は背筋がゾクッとした。

この言葉を発した時、高峰は無表情だった。

だが表情が無いだけに余計、その眼にある、寂寥《せきりょう》とも、無常とも、残酷とも、何とも言えぬ物凄さが、私を圧倒した。

こう言い切れるだけの事実を、高峰は五歳の時からその眼でじかに見てきたのだ。

私が知っているだけでも、自分の名前が人気投票の上位に入った時の古い雑誌記事を傍らに置いて孤独死した女優、御殿とまで呼ばれた豪邸から追い立てられ下男の家に身を寄せて最期を迎えた大女優、自分のほうからプロデューサーに「使ってくれ」とまで言って病気治療の費用を捻出しなければならなかった有名女優……数え上げればきりがない。

だが、高峰が見てきたものは、その時代からしても、私が知る様々な事実の比ではない、辛酸に満ちた女優達の末路だったことだろう。

もちろん、私生活で幸せを得た女優もいる。

しかし、少なくとも「大」が付く、日本映画史の中で数え上げられるほどの女優は、必ず、私生活が不幸だ。孤独だけならまだしも、経済的にも精神的にも荒廃している。

かつて自分を下にも置かぬ扱いをした人々はクモの子を散らすように消え、法外な金をつぎ込んでくれたパトロンは去り、映画会社は見向きもしなくなり、贅沢《ぜいたく》の限りを尽くした生活は跡形もなく崩壊する。

そして「この人がこんな役を」と観る者さえ驚くほどの小さな役に甘んじ、「まだ私は健在なのだ」と見栄を張るために借金まみれになり、坂道を転がり落ちるように、老いていく。

悲惨である。

だが、それが女優というものなのだ。

そして、それでもやめられないのが女優業なのである。

一旦スポットライトを浴びて世間に注目されると、その光を永久に浴びていたいと思う。派手な生活をいつまでも続けたいと願う。

だから、高峰は女優を嫌った。

女優という生き物が持つ、その虚栄と傲慢と見栄と自己愛を、高峰は、唾棄《だき》した。

〝他人の眼〟なくしては生きていかれない女優という人種が持つ厄介なサガを、高峰は心底嫌っていた。

「私は今、人気女優とやらで映画会社がたくさんお金をくれます。くれるものは有難く頂いて二人で使っちゃいましょう。でも女はすぐに年をとります。女優なんて所詮、浮草稼業。やがて私が単なるお婆さんになったら、その時はあなたが養ってください」

結婚する時、夫となった松山善三に高峰が言った言葉である。

この時、高峰はまだ三十歳だった。

冷めていたのだ。

高峰秀子は、最後まで冷めていた。

己の職業にまとわりつく避けようのない山谷と、必ず訪れる終焉を、彼女はとうに承知していた。

物心ついた時、「この職業は自分の性に合わない」と思ったそうだ。だから何度もやめることを考えたが、やめられなかった。

注目される恍惚《こうこつ》からではない。自分以外の十数人の人間達の生活を背負わされたゆえに、やめられなかったのだ。

三百本を超える映画に出て、日本映画史に残る名作に主演して、時の首相の何百倍という年収を稼ぎだしながら、「日本国　高峰秀子様」という宛名だけで手紙が届くほど有名になっても、それでも高峰は、冷めていた。

「それがどうしたい」

恐らく高峰は、ずっとそう思っていた。

そういう商売だからしょうがねぇだろう。そう思っていたはずだ。

だからとっとと足を洗って堅気の生活をするのさ、そう考えていたのだと思う。

高峰の少女時代の代表作「綴方教室《つづりかた》」についてインタビューしていた時、私は訊いたことがある。

物語は、貧しいブリキ屋の娘が小学校で書いた綴方を担任の教師に褒められて、それが雑誌にまで掲載される、豊田正子という少女が自身のことを書いた実話の映画化である。

高峰演じる正子は、教師に「もっと書いてごらんなさい」と勧められるまま、ちびた鉛筆をなめなめ、汚い長屋の卓袱台《ちゃぶだい》で一所懸命に綴方を書く。

私は訊いた、

「かあちゃんは実生活では小学校にも満足に通えなかったわけだけど、こうして毎日小学校に通って作文に専心する少女を演じていて、自分もこうできたらなぁとか、羨ましいとは思わなかった？」

高峰は、即座に答えた、

「商売です。商売」

そんな思い入れなどあるものか。私はただ仕事で演じただけですよ。

翻訳すれば、こうなる。

どんな少女を演じようが、どんな女に扮しようが、それをわが身に引き寄せて考えるほど、高峰秀子はアマチュアではない。

私の問いは明らかに愚問だった。だが愚問だと知っていて、私はあえて聞きたかったのだ。自分が叶えられなかった生活を送る実在の、しかも同じ年頃の少女を演じたアイドル高峰秀子が、その時、何を感じていたのか。

高峰は、驚くほど人の心がわかる人だったが、一方で、冷徹なほど現実的な人でもあった。

嫌いでも、やめられないのなら、己に恥じぬ仕事をする。ただそれだけの思いで五十年を全うした女優だった。

そして何よりも、女優が持つ避けがたい宿命に、最期までからめとられなかった、ただ一人の大女優だったと、私は思う。

男の人は職場で見るに限ります

高峰秀子は明確な価値基準を持った人だった。

だから常に決断が早く、その下した決断を決して覆すことがなかった。

恐らく人が、人生でする一番大きな決断は、結婚だろう。

高峰は十代の頃から結婚について、次のように考えていた。

「三十歳でもしいい人がいたら、結婚しよう」

そして、三十歳で「いい人」がいた。

松山善三である。

高峰より一歳年下で、出逢った時は松竹の助監督だった。高峰主演の「カルメン故郷に帰る」で初めて一緒に仕事をした。

と言っても、同じ映画のスタッフだったというだけで、言葉は交わしていない。

同作のロケで高峰が浅間山麓の旅館に滞在した時、木下恵介監督の部屋で打ち合わせをしていたら、「失礼致します」と襖《ふすま》の向こうで声がして、木下が「どうぞ」と言うと、襖を開けたのは一人の青年だった。青年は敷居の向こうにきちんと正座して手をつき、

「先生、お客様がおみえになりました」と告げた。「わかりました。少し待っていてもら

ってください」、木下が応えると、青年はお辞儀して、静かに襖を閉めた。

高峰は訊いた、

「今の人は誰？」

木下が答えた、

「松山君と言って、僕の口述筆記をしてくれています」

後年、高峰にその時の松山の印象を訊くと、

「礼儀正しい人だなと思った」

これが初めて高峰が松山を個別に認識した瞬間である。

だがそれだけのことで、近眼の高峰は松山の顔もろくに見えなかったそうだ。

しかし、仕事ぶりは見ていた。

今から二十年近く前になるが、私は「家の履歴書」という週刊誌の連載企画で高峰にインタビューしたことがある。

彼女の生い立ちから順に訊いていって、ちょうど話が結婚にさしかかった時だった。

松山との馴れ初めを聞いていると、高峰が言った、

「**男の人は職場で見るに限ります**」

ピタッ、と音がしたような気がした。

この人は膝を打つようなことを実にサラリと言ってのけるなぁ。

私は内心で唸ったのを今でも覚えている。

高峰は続けた、

「仕事場で見ると、特に男は、その人がむき出しになるからね」

ほぉー。

またもや私は感心しただけであるが、今なら訊くだろう。

「そういう考え方はどこから得たのですか？」

だがもう高峰に訊くことはできないので、自分で考えてみる。

ものの考え方というのは、高峰に限らず、当たり前だが二つの要因によって出来上がる。

先天的な要素と後天的な要素。

人の能力は平等ではない。

やればできる、は嘘である。やってもできないことは山ほどある。人にできて自分にできないはずはない、も誤りだと私は思う。もしそうなら、世の中もっと良くなっている。

生まれつき賢い人というのはいるのだ。

高峰の子役時代の演技や表情を見ればわかるが、彼女は明らかに聡明な幼児だった。

本人に言わせると「こましゃくれたガキだった」。控室に出番を知らせに来た助監督が「秀坊、おんぶしてってやろう」と言っても、イヤな奴には絶対おんぶされなかった、あるいは助監督が「秀ちゃん」などと猫なで声を出そうものなら、「ふん。私が金を稼ぐからそんなオベッカ使うんだろう」と内心で思っていたそうだから、こましゃくれたというより、恐ろしい子供である。

その上に後天的な環境が作用して、極めて用心深く警戒心の強い大人に成長していった。

私が知る高峰は、いつも自分の周囲、人間も含めて全てを目の端に入れている人だった。

ゆったりと煙草を吸っている時でも、冗談を言って笑っている時でも、インタビューを受けている時でも、食事をしている時でも……あらゆる局面で、全てを〝見ている〟人だった。

だから夕食の時、大皿から何かを取ろうと箸を伸ばした私に、「ホラ、袖」と、手前にある料理に私のブラウスの袖がつきそうになるのを注意してくれた。道を歩いていると、「そこに段があるよ」と声をかけてくれた。

きっと高峰は「性分です」で片付けるだろうが、私は、この高峰の〝隙のなさ〟は、自己防衛の表れだと思う。

五歳の頃、自らが思ったように「金を稼ぐ」子供だったから、その周囲には様々な思惑や下心を持った大人達が集まった。それら人間の〝様〟を高峰は黙って観察していたに違いない。

かばってくれる親も味方になってくれる身内もなく、むしろ彼女にとって身内こそが最も用心せねばならぬ相手だったことが、賢い幼女を、悪く言えば、猜疑《さいぎ》に満ちた少女にしていったと思う。

相手を洞察すること、自分の周囲の人間を観察することが、無力な少女にできる唯一の自己防衛だったのだ。

だから、こと人間に対する観察眼はものすごく鋭かった。

一瞥で峻別するような厳しさがあった。

初めて高峰に会った時、彼女の目の色に、私はそれを感じた。

あんな目をした人は、あとにも先にも高峰秀子しかいない。

その高峰が自分の結婚相手を選ぶ時、その男の何を見たか――。

高峰は「特に男は」と言った。

男にとって、仕事をすることはイコール生きること。それを彼女は知っていた。だから「むき出しになる」。生きることに対して、どんな姿をさらけ出すか。

松山善三は、見られていたのである。極めて鋭い眼力を持った苦労人の女に。

当時、木下監督のもとで松山の兄弟子にあたる川頭《かわず》義郎という助監督も、高峰の婿候補だったという。

松山の働きぶりについて、「家の履歴書」からさらに十年経った時、高峰は次のように私に語った、

「とうちゃんはすごく働き者だった。川頭さんも働き者だったけど、川頭さんは実家がお金持ちだったから、やっぱりどこかお坊ちゃんみたいな働き方で、その点とうちゃんは貧乏だろ、もうガツガツ働いてた。人の仕事まで取って怨《うら》まれるほど。こんな働き者と結婚したら食いっぱぐれがないだろうと思った」

一見、どうということのない言い方だ。

だが実は、この「すごく働き者だった」が非常に重要な言葉なのである。

高峰は滅多なことで人を「働き者」とは言わなかった。

高峰が誰かのことを掛け値なく「働き者」と表現する場合は、単に労働の多寡《たか》を言うのではなく、その人物の人間性も含めていた。

人が見ていようといまいと働く。他者に評価されるためでなく自分の仕事だから懸命に働く。そんな真面目さ、正直さ、無心、無欲。つまり生きることへの真摯と真剣さ。それを高峰はこの言葉に込めている。

なぜなら、高峰自身が仕事に対して怖いほど真剣な人であり、働くその行為そのものを尊んでいたからである。

高峰は自分にとって最大級の褒め言葉をその貧しい青年に与えたのだ。

その上で、父とも慕っていた作家・川口松太郎に、松山善三を〝見せた〟。十二歳から丁稚奉公《でっちぼうこう》に出されて以来、文字通り独立独歩で作家として名を成した川口は、高峰と同じ苦労人だった。

その川口が松山を見て、高峰に言った、

「驚いたねぇ。おめぇの亭主になるために生まれてきたような男じゃねぇか」

既に高峰の心は決まっていたが、それでも川口に見せた。誰にも相談せず何事も一人で決断するあの高峰にして、なお第三者に見せたことが、どれほど結婚に対して彼女が慎重であったかを示している。

三十歳でいい人がいたら結婚しようと思っていた高峰の言葉には、続きがある。

「そして六十歳までその人に尽くして、その後、自分がまだ元気だったら、そのあとは自分のために時間を使おう」

その通りになった。

慧眼《けいがん》だった。

自分から女優というものを
とってしまったら何もない、
そういう人間にはなりたくないと思った

人は本来、弱い生き物だと、私は思う。

「今度こそは」「今日からは」と、いくら決意を固めても、気がつくと目の前にはまたぞろ、いつもの好ましくない自分がいる。

そういう経験はないだろうか。

私はしょっちゅうだ。性懲りのない自分にウンザリしながら、気がついたらこの歳になっていた。

私が高峰秀子という人を尊敬する理由は、挙げたらきりがない。

しかしその数多ある理由の中で最も大きなものが、高峰はそうではないという点である。

つまり、決して易きに流れない。

今風に言えば意志が〝ブレない〟。

「自分から女優というものをとってしまったら何もない、そういう人間にはなりたくないと思った」

高峰がこの言葉を私に発したのは七十代半ばの時だが、実際にそう思ったのは十代の半ばである。

十代の頃に思った気持ちをそのまま持続してしかも実行した人がどれほどいるだろう。

「○○になりたい」はまだ易しい。プロ野球選手になりたい、歌手になりたい……。

もちろんこれだって、子供の頃に抱いた夢を実現出来る人は、稀《まれ》だ。非常に難しい。

私が「まだ易しい」とあえて書いたのは、野球選手や歌手は、目に見える形をしているからだ。

高峰が十五歳の頃に思ったのは、自分から女優というものをとってしまったら何もない人間にはなりたくないという、極めて抽象的な、一体それはどうなることを指すのか、という茫漠とした感じがあるからである。

具体的な形を実現するより、抽象的な思いを実現するほうが、厄介だ。

しかもそう思った高峰は、五歳という年端もいかぬ頃から女優をしていて、思った時は既に十年選手だった。小学校にもろくに通えず学校とは縁がなかったから、女優しかしたことがない。映画界という特殊な世界しか知らなかった。

その人間が、自分を女優だけの人間にはしたくないと思ったのだ。

珍しい思想である。

そして極めて難易度の高い目標設定だ。

「私から女優をとってしまったら何もないの」「女優しかできないのよ。だから死ぬまで女優でいたいの」、そう言った女優は山ほどいる。

高峰だって、そう思っていれば楽だったのだ。主演する映画は次々にヒットして名作と評価され、世間やファンには喜ばれ、誰もがチヤホヤしてくれて、金だって儲かる。死ぬまで女優をやっていたら、国民栄誉賞だって貰えたかもしれない。いいことずくめじゃないか。不遇だった時期は一度もないのだ、いくら十代の頃にそう思ったからと言って、別に生涯貫こうとすることはないのだ。そんなこと思わなかったことにすればいい。誰に約束したわけでも公言したわけでもないのだから、自分さえ忘れたふりをすれば、それでしまいだ。

これを、普通、〝悪魔の囁き〟と呼ぶ。

この囁きに誘惑されて人は堕落する。

ではまず、なぜ、高峰は十代の頃にそんなことを思ったのか――。

答えは簡単明瞭で、女優という職業が性に合わないと痛感したから。それだけだ。

「今度生まれ変わって、もしまた映画界で働かなきゃいけないとしても、女優はイヤ。衣装さんか美術がいい」

人前に出るのが好きではなかった。

「深い穴の底でじっとしていたい」が理想であり、ほっといてほしい人だった。

これは女優としては致命的だ。

普通、そういう人は女優として大成しない。

「だから私はこのぐらいでちょうどいいの」と、そこそこの女優である自分を正当化する理由にするのが関の山である。

絶対になってみせるとギリギリ念じてあらゆる手段を使って役をもぎとり、周囲にあらん限りの媚びを売ったって、なれる保証がないのが大女優というものだ。それを人前には出たくないし、ほっといてほしい人が大女優になれるわけがない。

もし、高峰がそこそこの女優で終わっていたら、今回の言葉には、何の価値もない。

だが高峰秀子は、大女優になった。誰もが認める日本映画を代表する女優になった。

その精神構造からすると、異例と言える。

性に合わないのに五十五歳まで女優を続けたのは、逃れられない現実問題があったからだ。幼い頃から三十年以上にわたって、大勢の親族の生活を担わされた。結婚して女優をやめようと思ったが、まだ夫に稼ぎがなかったので、すぐにはやめられなかった。

だから引退するまでに時間がかかった。

高峰は、周囲を困らせてまで、誰かを傷つけてまで、己の思いを性急に通すことはしなかった。

次に、肝心な疑問。

ならば一体、高峰が目指したのは、どういう人間だったのか――。

女優以外の仕事がしたかったのか、何か他に特技でも持ちたかったのか、十代の少女にありがちな〝SOME ONE〟を目指したのか。

高峰は言っている。

「女優も文章を書くことも、自分からしたいと思ったことは一度もない。私が生涯で自分からしたいと思ったのは、松山との結婚だけ」

高峰秀子がなりたかったものは、ただ一つだった。

当たり前の普通の人間。

ちゃんと常識を持ち、当たり前に人と話ができて、人の気持ちがわかって、自分で料理も洗濯も掃除もできて、世間様に迷惑をかけず、毎日を健康につつがなく暮す。できることなら温かい家庭もあって。

何だ、そんなことか、と人は思うかもしれない。だが、果たしてこれらを〝本当に〟持っている人間がどれだけいるだろう。

高峰にはどれ一つなかった。

少なくとも、十五歳の高峰はそう思ったはずだ。

「同い年の人間が知っていることを自分は知らない。やっぱり自分はバカなんだと思ったよ」

かつて、そう高峰が言ったことがある。

学校、友達、毎日の家事、家族……。普通の人間が持つこれら全てを高峰から奪ったのが、女優という仕事だ。

いつどこにいても〝特別視〟される自分の存在が全てを奪った。

多くの女優は、それらと引き換えにしても大女優を目指す。大女優でありたいと願う。特別視されることを望み、周囲に強制さえする。

だが高峰は、それを〝特別〟とは思わず、〝特殊〟と感じた。

極めて欠落した特殊な自分を、忌み嫌ったと思う。

高峰は〝特別〟でも〝特殊〟でもなく、〝普通〟でありたかったのだ。

「いい店っていうのは、ほっといてくれる店。当たり前に扱ってくれる店です。『お代は要りません』とか、びっくりするほどおまけしてくれたり……そういうのは居心地が悪いから、二度と行かない」

この言葉にもその一端が表れている。

そして十代の時に思った言葉には、もう一つの彼女の気持ちが読みとれる。

私は女優をやめられないのだ、という自覚。

だからこそ、たとえ女優であっても、その女優をとったら何もないような人間にはなりたくないと思ったのだ。やめられないなら、せめて全力でやろう、やるからには自分に恥じない仕事をしよう。十代の高峰は腹を括《くく》ったのだ。

人は自分の心を忘れる。若い頃、胸に描いたことも、自分自身に誓ったことも、歳月と共に忘れ去ってしまう。

現実という分厚い壁に向かった時、人は折り合い、自分をごまかす。

だが、高峰秀子は、十五の時に抱いた気持ちを、終生忘れなかった。

八十六年の生涯を、同じ思いで生き通した。

いつか、いつかきっと自分が目指す自分自身になろう、なってみせる、そう密かに誓って、自分で自分を励ましながら、片時も休まずに歩き続けたのだ。

この言葉は、己の意志を無視され続けた孤独な少女の、あまりに切ない叫びだったように、私には思えてならない。

深い穴の底でじっとしていたい

私は高峰の発言を意識的に記憶したわけではないので、いつどのような状況でそれを聞いたのか、正確には思い出せないものもある。

だが、そのような言葉に限って、彼女の最も基本的な姿勢を表していることが多い。

もちろん、毎回ここに挙げている言葉は全て、高峰秀子という人の生き方や考え方を表した言葉に他ならないのだけれど、殊に「そう言えば、いつ聞いたんだろう……」と思いながらも確実に私の記憶に残っている言葉というのは、高峰の基本中の基本をなす言葉だ。

つまりあまりに彼女らしいから、こちらもあまりに自然に受け止めて、言葉を耳にした状況を忘れてしまう。それほど長い年月、高峰秀子という人間の中に伏流水《ふくりゅうすい》のように流れ続けていたと言える言葉なのだ。

「深い穴の底でじっとしていたい」

これもその種の言葉である。

なぜそんな話になったのかは忘れたが、確か私が「かあちゃんの理想は？」と訊いたので、答えた。それは覚えている。

そしていつものように、高峰がサラリと、静かな口調で発したこと、聞いた途端、自分で「なるほど」と深く腑に落ちた感覚もよく覚えている。

私が知る限り、多くの女優はお出かけ好きだ。外に出るとなると、ここ一番化粧をしてかなり目立つ格好をする。商売柄、当たり前と言えば当たり前だが、老いた女優の厚化粧は痛ましく、またそれが若かろうが老いていようが、明らかに人目を意識した媚は、見ていて気持ちのよいものではない。

だから初めて高峰に会った時、不思議な感じがした。

〝女優の匂い〟がしなかったのだ。

もし私が彼女を「高峰秀子」と知らずに対峙していたら、何事につけて教えてくれる先生のような、あるいは職業不詳の、人生の練達士とでもいうような、一種独特の空気をまとっていた。

出逢ってまもない頃、こんなことがあった。

ある春の日の正午前、高峰と一緒に松山家を出て、近くのレストランに向かって坂道を下りていた時のことである。

「高峰さんは他の女優さんのようにサングラスをかけたりしないんですか？」

私は何気なく訊いた。

「そんなものするとかえって目立つのよ。でもこれがサングラス代わりかな」

近眼の高峰は、外出時に時々かける、薄っすらと色のついた、サングラスと近眼鏡の中間のような眼鏡をかけて、地味なグレーのツーピースを着ていた。

その時、坂の下から一人の中年女性がこちらに歩いてくるのが見えた。

私達の側まで来ると、女性は高峰に訊いた、

「すみません、目黒はどう行けばいいのでしょう?」

「目黒、ですか?」

私は、思わずオウム返しに訊いた。

ここは麻布だ。六本木なら近いが、目黒などおよそ縁がないほど離れている。この辺りでそんなことを尋ねる人はいない。しかもこんなどん詰まった坂道の途中で。

まだ地下鉄南北線が開通する前のことだ。

不思議なおばさんだなと思っていると、高峰が言った、

「あそこにバス停があります」

バス停……。だから?

またこの人も妙なことを言うなぁ。私は中年女性の変な質問に、さらに輪をかけて変な答えをする高峰に、戸惑った。

確かに坂の横にバス停はある。だが高峰は一度もそこからバスに乗ったことはないし、第一それがどこ行きのバスかも知らないじゃないか……。

変なおばさん二人に挟まれて、せめて自分だけでもこのヘンテコリンな状況を打開せねばと、私はその女性に言った。

「そこのバス停は五反田駅行きですから、五反田までバスで行って、そこから山手線に乗り換えて目黒に行くことはできます。あるいは六本木駅まで歩いていって地下鉄とJRを使って。でも少なくとも、この坂を上っても目黒には……」

と、その時だった。

私の話を遮《さえぎ》るように、突然、中年女性の表情が一変した。

目を見開いてびっくりした顔になり、上ずった声で言ったのだ。

「あの、もしかして、高峰秀子さんじゃありませんか⁉」

ゲッ。困ったことになった。私は思った。

だが私が「そうです」「違います」と言うわけにもいかず、黙っていた。

おばさんはじっと高峰を見ている。

高峰は苦笑いともつかぬ、何とも言えない薄い笑みを浮かべて、中年女性を見ている。

一秒、二秒。

どうしたものか、この状況を……。

と、今度は突然、高峰が沈黙を破った。

「というわけですから、あのバス停に」

言うなり、おばさんを置き去りにして一人でスタスタと坂を下り始めたのだ。

というわけって、どういうわけなんだ。

「あの、とにかく、バスで五反田までいらしたらどうでしょう」

私もそれだけ言って、高峰の後を追った。

後ろは振り向かなかった。きっとおばさんはポカンとして坂道の途中に立ちつくしていたことだろう。

「ああいう時はいつもどうするんですか？」

今後のこともあるので、坂を下りきった時、私は訊いた。

「黙るの」

高峰は答えた。

普通の女優なら一見して女優とわかる。それよりまず、女優はあまり道を歩かない。だが高峰は近所なら平気で一人で歩いていく。着飾ることもなく、ことさら化粧をするでもなく。

だから普通に道を訊かれる。訊かれた高峰も普通に答えようとする。無視はしない。

私が答えるんだからそっぽを向いていればいいものを、と私は思ったものだが、そういうことはしない人だ。

もしすれ違った人が物を落とせば、当たり前に「落としましたよ」と拾ってやる人だ。

だが相手は、すぐには気付かなくても、結局「高峰秀子」だと気づく。

少なくとも、側にいる私は「厄介だな」と感じる。

しかしそれを避けては高峰が望む「普通の生活」はできないのだ。

やがて知り合って年月が経つにつれて、高峰は外出しなくなった。

人にも会わなくなった。

もとより自分から電話をかける人ではない。手紙も、来るから返事を書くだけだ。

「普通の生活」を捨てて、高峰はかねてからの「理想の生活」に移っていったのだ。

物心ついてから八十年、片時も他人の目から逃れることのできなかった自分の人生を、
遂に理想の形に仕上げた。

「この永坂の家が深い穴なの、つまり」

先の言葉に続けて高峰は、言った。

そして「退屈じゃないのかな?」と訝《いぶか》るほど、毎日を、読書と台所仕事だけに費やした。

だが、そういう時期にこそ、「今が一番幸せ」という言葉が、彼女の口からたびたび出るようになった。

先天的資質として、自己顕示欲のない人だった。人に見られてあれこれ言われるのが嫌いな人だった。それでいて自分の職業は、最もそれに反する職種だった。しかも五歳

という幼い年齢から、それは始まった。

一体いつ頃から高峰は、「深い穴の底でじっとしていたい」と思い始めたのだろう。

もうそれを訊くことはできない。

だが、やむなく置かれた後天的環境が、先天的資質にダブルパンチでも食わせるように、高峰の肩に重くのしかかっていったことは確かだ。

たとえ女優を引退しても、執筆活動をやめても、世間は「高峰秀子」としか見ない。

有名になること、有名であり続けることに血眼《ちまなこ》になる人は多いが、高峰は懸命にそれから逃れようとした。

「深い穴」に入り、それも入口や途中でなく、「底」まで入って、その上で「じっとしていたい」。

この言葉を聞いた時、腑に落ちると同時に、可哀相だと、私は思った。

だがせめて最晩年が、彼女の望む理想の形になった。

いかにも満ち足りた顔で毎日を送っていた高峰を、私は愛おしく思い出す。

私、その成れの果てです

高峰は、胸のすく人だった。

付き合った二十年、私は彼女の発言に、何度心の中でガッツポーズをとったことか。

何も聞いた私がガッツポーズをとることはないのだが、たとえば野球やテニスの試合で、応援している選手が素晴らしいプレーをして得点を上げた時、見ているこちらが思わずガッツポーズをとるのに似ている。

初めて会った時からそうだった。

手紙や電話で交信はしていたが、じかに会うとなるとやはり緊張して、私は直立不動で言った、「十年か二十年して一度おめにかかればと思っていたのに、こんなに早くおめにかかれるなんて……」。

すると高峰がケロリとした顔で、

「十年か二十年？　死んでます、私」

この時が第一回目のガッツポーズだった。

ところが翌日、この話を会社の同僚にしたら、「そんなこと言うなんて怖いね」と眉をひそめた。

面白い話だと思ったのに……。

松山が言った、

「それが相性というものなんだよ」

今回の言葉など、先の同僚に言わせたら飛び退《の》くほど怖い言葉になるのかもしれない。

だが私には、数多ある高峰の名言の中でも、一番と言っていいほど好きな言葉だ。

それは、彼女が七十代初めの頃だった。

いつも行く麻布十番の魚屋へ、その晩のおかずを買いに行った。

高峰はそういう人だった。

食材などの買い物によらず、誰かに電話をかける時でも自分で、した。

普通、女優はそんなことはしない。高級なブランド品を買いに行くなら別だが、大根や秋刀魚《さんま》を自ら買いに行ったりはしない。少なくとも〝大女優〟と呼ばれる人々は。電話も、相手がよほど親しい人でない限り、自分で直接かけることはない。マネージャーや側近にかけさせておいて、その上で自分が出る。

以前、ある高名な女優にインタビューしていると、当時私が出したばかりの高峰について書いた本を、「私、自分で本屋さんに行ったりできないから送ってくださる?」と言った。私は「何で自分で行けないんだよ。行けばいいじゃないか」と思ったが、「いいですよ」と了解した。すると本が届いてから、女性マネージャーから電話がかかった。

「○○がありがとうございましたということでした」。「それはどうも」、私は素知らぬ顔で答えながら、心の中ではカチンときていた。「こちらから読んでくださいと頼んだわけじゃない。読みたいから送ってくれと言ったのはアンタだろう。礼を言う気持ちがあれば自分で電話をかけてくるのが筋だ。それをマネージャーに電話させて。何様だと思ってやがる」。

で、麻布十番の魚屋さん。

高峰が魚を選んでいると、店の主人が言った、

「お客さん、よくみえるけど、近所にお住まいですか?」

高峰は応えた、

「ええ。そこの麻布永坂に住んでます」

すると店主が、いいこと教えてあげるとでも言わんばかりに、

「あそこには女優の高峰秀子さんが住んでるんですよ。知ってました?」

その時高峰、少しも慌てず、ニッと小さく笑うと、と言っても私は現場にいたわけではない。恐らく高峰のことだからそんな表情をしただろうと想像するのだ。

こう応えた、

「**私、その成れの果てです**」

いいねぇ!

私が側にいたら両手でガッツポーズだ。

だが驚いたのは魚屋の主人で、アングリと口を開けたまま。

なぜこの言葉が私のお気に入りかと言えば、いかにも〝高峰秀子らしい〟からだ。

高峰でなければ絶対に言えない一言だからだ。

まず、〝間〟がいい。

気の利いた言葉というのは、タイミングが大事だ。相手の言葉に間髪を容れず、ポンと送り出さねば値打ちがない。

高峰は、絶妙だった。

そんな絶妙の間で吐かれた言葉には、無理に言葉を返す必要はない。第一、返せない。

初めて会った時の高峰の言葉に、私は無遠慮にも爆笑しただけだった。続いて高峰も笑ったが。

だから魚屋の主人は口アングリでよいのだ。ま、欲を言えば、「アンタ、そんな面白い人だったんだ」ぐらい言ってほしかったが。

次に、そこに込められた高峰の気持ち。

昔日《せきじつ》の面影もないから気が付かなかったでしょう、という皮肉。

だが高峰が特異なのは、本来なら皮肉だけで終わってしまう言葉を、可笑しみを伴う上質なウィットに変えられるところだ。

いちいち比べて恐縮だが、もし他の女優が同じ場面に遭遇したら、どうするだろう？端から魚屋には行かないが、もしもの話だ。

恐らく、黙る。それも固まったように。そしてかろうじて「さぁ」とか何とか適当に応えて買い物を続けるか、あるいは、やがて自分がその本人だと気付かれたら嫌だと思って、「今日はいいわ」と魚屋を去るか。

少し度胸のある女優なら、「ヤァね、私が本人よぉ」と、科《しな》を作って、自分が大スターだったことに気付かれなかったことを少しも気にしていないフリをする。すると魚屋の主人も「これは、これは」と気付かなかったことを詫びて、鰺《あじ》の一尾でもおまけして、ついでに「あの映画良かったですねぇ」などと世辞を言って、完結。吐いて捨てるほどある陳腐な場面だ。

ではなぜ、高峰はそれを名場面に変えることができるのか。

女優がなんぼのもんじゃい、と思っているからだ。

相手を笑わせながら、自分も笑っている。

自嘲する余裕があるからである。

瞬時に出る気の利いた言葉というのは、常日頃の価値観が押し出すのだ。だから余裕がある。

そして、思い切りの良さも必要だ。

一瞬でもためらったら、場が腐る。

殊に「成れの果て」である。

良い言葉ではない。

辞書には「落ちぶれた末の姿」とある。

私が何より今回の言葉を好きな理由は、「女優は落ちぶれるもの」という自覚と覚悟を高峰が持っていることがわかるからだ。

それほど刹那《せつな》的で、浮草のような稼業。

若くて人気のあるうちは世間もチヤホヤしてくれるが、どっこい、人気が落ちると、映画に出なくなると、洟《はな》もひっかけなくなる。女優なんて所詮そういう商売なんだよ。

そう、高峰が思っていることがわかるからだ。

溺れていない。

女優という、女の虚栄心と自己顕示欲をイヤが上にもくすぐり、あたかも自分が選ばれた特別な存在だと錯覚させる、女優業が持つ落とし穴をしっかり見据えている高峰の冷たさが、いい。

しかも「成れの果て」という、卑下《ひげ》とも誤解されかねない危険な言葉を、こともなげに吐く、カッコよさ。

ただし、本当に落ちぶれていたら、この言葉は言えない。

シャレにならない。

落ちぶれるとは、惨めな状態になること。

女優で言えば、仕事を選べなくなる状態、全くの買い手市場になり、買い叩かれる状態になることである。

高峰は落ちぶれてはいなかった。

自分が落ちぶれたと思ったから言ったのでもない。

単に世間的な見方に合わせただけだ。

かつては映画スターであっても、引退すればもう誰も気づいてくれない、そういうのを落ちぶれたと言うんでしょう、と。

高峰は、落ちぶれようが落ちぶれまいが、そんなことどうでもいい。化粧して愛想笑いをしているより、夫のために夕餉《ゆうげ》の魚を買っている今のほうがずっと幸せだ。

そう思っていたはずだ。

そして気付かれなかった自分を褒めてやりたいと思ったことだろう。

それが望みだったから。

さて皆さんは、高峰の言葉に、怖くて飛び退くのか、ガッツポーズをとるのか……。

女優なんて大したことねぇやと思った

前回、高峰には、女優がなんぼのもんじゃいという思いがあると書いた。だが、「女優がなんぼのもんじゃい」は、私の表し方であって、高峰の言葉ではない。今回は、実際に高峰が〝その種の気持ち〟を表した時の言葉を紹介する。

初対面の時から、私は取材の度ごとにテーマとは関係のないことまで尋ね、高峰もまた面倒がらずに私の質問に答えてくれたので、果たしてそれが週刊誌の短い談話記事のためだったのか、高峰について本を書くために話を聞いていた時だったのか判然としないが、知り合って二十年の間に二度、同じエピソードと言葉を高峰の口から聞いたことだけは覚えている。

昨年（平成二十四年）他界した山田五十鈴《いすず》さんの主演作に「女ひとり大地を行く」という映画がある。記録映画の名手、亀井文夫監督の最後の劇映画で、炭鉱労働者の生活や組合の闘いをドキュメンタリー・タッチで描いた作品だ。

イメージとして意外かもしれないが、山田五十鈴もそういう映画に出たことがある。山田五十鈴は面白い人で、その時に付き合っている男性の影響を強く受け、その影響がまずは服装に、そして仕事に表れた。確固たる思想を持つ男性と付き合っている時にはそれらしい物言いになり、思想を打ち出した作品に出る。水もしたたる二枚目と交際している時には、その二枚目が好む服装で日常を送り、理屈など無縁な娯楽作品で美女を演じる、というように。

つまり「女ひとり大地を行く」の頃は、明らかに新劇俳優と付き合っていたことがわかる。当時の新劇俳優というのは皆、築地小劇場に発する左翼系演劇人だったから。

だが、映画、新劇、歌舞伎など各ジャンルの名優と浮名を流し、その数がどれほど増えても、相手の家庭を脅かしたり妙な悶着にならなかったことを考えると、別れ方がきれいだったのか、単に「藤十郎の恋」を地で行っていたのか、その点で山田五十鈴は立派な〝女役者〟だった。

その山田五十鈴が主演した「女ひとり大地を行く」は、最初、高峰にオファーがあった。

なるほどと思う。化粧っけもなく、泥にまみれて炭鉱で働く女性の役は、どう考えても、山田五十鈴より高峰秀子のほうが合っている。

だが高峰は、既に他の作品への出演が決まっていたので、断った。

それがどの映画なのか、今思えば訊かなかった私も迂闊だが、あの記憶力の良い高峰が言わなかったことを考えると、特に興味がなかったのか、撮影が決まった作品が複数あったから、どれだったか失念したのか。

「女ひとり大地を行く」と同じ昭和二十八年に封切られた高峰の主演作と重なったと仮定しても、「女といふ城　マリの巻」「同　夕子の巻」「煙突の見える場所」「明日はどっちだ」「雁《がん》」と、五本もある。これらのどれと撮影が重なるから「女ひとり――」を断ったのか、あるいはその翌年の「女の園」や「二十四の瞳」と重なったのか、高峰に訊かない限り今の私の知識では不明だが、時間的に出演不可能だったことだけは確かである。

高峰は、既に出演をOKしているのに、その後にもっと〝おいしい〟作品のオファーが来たからといって前者を断り後発の仕事をとるような人ではなかったし、掛け持ちもしなかった。

だから代表作の「二十四の瞳」や「浮雲」でも、もしその直前に他の作品が決まっていたら、出演していなかっただろう。

あくまで仕事として、来る脚本を読み、納得がいけば受けたし、そうでなければ断った。

要は、早いもの勝ちである。

「私が断ったあと、誰が演《や》るのかなと思ったら、山田五十鈴さんだったの」

と言ったあと、高峰はこう言った、

「だから女優なんて大したことねぇやと思った」

私が「なぜ？」と訊く前に高峰は続けた、

「私はこんな丸顔なのに、山田五十鈴さんはうりざね顔でしょ。芝居の性質《たち》だって全然違う。要は誰でもいいってことになる。だから女優なんて大したことねぇやと思ったの」

自分にしかできない仕事をしたいと考えるのは、俳優に限らず、仕事をする全ての人間の願望である。中には「私の代わりはいないの」と豪語する勘違いＯＬさえいる。

それほど、〝代わりのない仕事〟を求めることは、時として傲慢《ごうまん》に繋がる。

しかし、高峰の場合は、それとは違う。

高峰が「大したことねぇや」と思ったのは、自分が五歳の時から考えてきた俳優業と、作り手が考えるそれが違っていたからだ。

人間が人間を演じる時、当たり前だが、その二つの像がより近いのが良いに決まっている。だから、演出家と深い仲になって役を獲得したり所属事務所のプッシュが強いからなどというレベルの低い理由でない限り、普通は、脚本に描かれた登場人物にあらゆる点で相応《ふさわ》しい、またはこの俳優なら素晴らしい人物造形をするはずだと思える俳優を、制作側は選んで出演交渉をする。

殊に「女ひとり――」は商業映画ではない。

亀井文夫という監督の姿勢からしても、興行的に当たるかどうかより、作る意義を優先したことは明らかだ。だから独立プロが作った。

にもかかわらず、最初に白羽《しらは》の矢を立てた高峰秀子が断ったら、山田五十鈴になった。

では高峰に依頼した時、作り手は主人公をどのように捉えていたのか。

高峰が言ったように、まったく芝居の性質もイメージも違う女優を選んだということは、作り手として主人公に対する像がさほど固まっていなかったということになる。

だから高峰は失望したのだ。その程度の〝ゆるい〟考えで映画を作るのか、と。

亡き作家の山田風太郎氏が、自著『コレデオシマイ。』で次のように語っている。

〈高峰秀子というのは、不思議な女優でねえ。たいていの俳優は、若い時分は自分の職業を馬鹿にしたようなことをいっていても、年とると、俳優は修業が大事だとかいい出すんですよ、「この道には果てしがない」とかね。ところが、高峰秀子は、いつも自分の職業について馬鹿にしたようなことをいうんです。それでいて、名女優なんですよ、カンがよくてね。〉

高峰はこのくだりが好きだった。

山田氏から先の著書が送られてきた時、いつも私と話をする食卓で、その本を差しだして、「読んでごらん」と言った。

私が黙読していたら、

「『高峰秀子は、いつも自分の職業について馬鹿にしたようなことをいうんです』って書いてあるよ」

そう言って、いとも愉快そうに笑いながら、煙草の煙を吐いた。

馬鹿にしていた、のではない。

山田氏も「馬鹿にしたようなことをいう」と書いている。

だから高峰は好きだったのだ。

自分の日頃の言質を、言葉通りに解《と》らなかった作家・山田風太郎の非凡さが。

高峰の韜晦《とうかい》趣味が、氏にはわかったのだ。

バカにして、三百十九本の映画には出られない。

バカにして「浮雲」のゆき子は演じられない。

バカにして五十年、無遅刻無欠席で撮影現場には通えない。

ただ、仕事だから演った。そして仕事は全力でやるのが当たり前だと考えていた。

高峰は「根性」とか「頑張る」という言葉が好きではなかった。

たとえ全身全霊を傾けて仕事に臨んでいても、周囲には毛ほどもそれを感じさせない人だった。

軽々と、やってのけた。

少なくとも、観る側、受け止める側には、「軽々」と見えた。

これは、道を極めた人に共通する姿である。

皆、一見、淡々としている。

だが空気が違う。

片時も己を許さず生きてきた厳しさが、本人も気づかぬうちに峻嶮《しゅんけん》な山のようになって、側に来る者に立ちはだかる。

私は、最近になって、改めて思う。

初めて高峰に会った時、感じたもの。

あの緊張感は、確かに、畏れだった。

険しい山を血だらけになって登りつめた人だけが持つ迫力に、圧倒されたのだ。

だから私は、高峰秀子の前で、一瞬、息を呑んだ。

五十五歳で銀幕を退《ひ》いた時、高峰の歯は、全てダメになっていたという。

人はその時の
身丈《みたけ》に合った生活をするのが一番です

平成七年の初め、「家の履歴書」という週刊誌の連載企画でインタビューしていた時、この言葉が高峰の口から出た。

五歳の時、ほんの偶然から映画界に入ったために、小学校にも満足に通えず養父母を養い、果ては十数人の親類の生活まで担わされ働き続けなければならなかった半生を、養母から受けた壮絶な呪縛も含めて、現在に至るまで、十三回に及ぶ転居を軸に、高峰は的確に語った。

それ以前もそれ以後も、七十年以上の半生を、二時間きっかりで語り上げてくれたインタビュイーは、高峰秀子、ただ一人である。

あまりにも波乱に富んだ歳月を、時に高峰はケラケラと笑い飛ばしながら、しかし一度も本筋を逸れることなく語った。

その頭のシャープさに私は目を見張り、巧まざるユーモアに笑い転げ、他人事のように語る悲惨な事実に息が詰まり、二時間はあっという間に過ぎた。

その間、高峰は、一度もこちらに主導権を渡さなかった。

そんなインタビュイーも、いまだに彼女だけである。

なんか、すごい……。何て言っていいかわからないけど、この人、すごいや。

黒澤明監督の「七人の侍《さむらい》」で、幼子を人質に立て籠《こも》った強盗を見事に討つ老武士・志村喬《たかし》に魅せられ、つきまとっていく三船敏郎の菊千代、あるいはこともなげに野武士の陣地から〝種子島〟を奪ってきた剣客・宮口精二に、「あなたは素晴らしい人です」と頬を紅潮させて崇拝の眼差しを向ける若侍・木村功。

私の思いはそれと似ていた。

だが高峰秀子という人間の大きさに言葉を失いながらも、私のアンテナは、何度か強く、ビビッと反応した。

その一つが松山善三と結婚したあとのくだり、怒濤のような嵐の末にようやく訪れた高峰の、いわば人生の凪《なぎ》に話が至った時だった。

「今のように家を縮小したのは平成三年。五十五歳で引退して、さあこれからは女優じゃない自分の生活をしようと思った時から何となく考えてたの。建てるより壊すほうが大変だったわね。そりゃあ、もったいないとは思ったけど、私はもう女優じゃないし、そんな広い家いらないからね。小さくてもいいから、亀の子束子一つでも自分の気に入った物ばっかり置いた家にしたの」

そして、言った、

「人はその時の身丈《みたけ》に合った生活をするのが一番です」

ハッとした。

だが高峰は何事もなかったように話を進め、私もそれに従った。

しかし、以来、その言葉はずっと私の頭に残っている。

身丈——。

こういう言葉が自然に使える人だった。

あえてではなく、そういう言葉が身についている人だった。

もちろん本来は、衣類の襟《えり》の付け根から裾《すそ》までの背筋の長さや、身長を表す言葉であるが、転じて、置かれた環境や状況も含めたその人のあらゆる意味での人としての寸法を指し示す言葉として使われる。

いい言葉である。

延べ千三百人に近い人にインタビューしてきたが、この言葉を使ったのも、高峰秀子だけである。

女優をしていた時は、必要だから大きな家に住んだ。しかし女優を引退した今はもはや大きな家は不要だ。だから応接間が三つある立派な教会建築を壊して、小さな家にした。

高峰が意味した「その時の身丈」とは、この場合、女優をやめた自分の状況を差している。

一見、当たり前と思える。

だが実行は難しい。

人間、一度広げたものは、なかなか小さくできない。

家、家財、人間関係……。

殊に家は、人間にとって生涯で一番大きな買い物と言われる。

殆どの人は、大きくすることを目指す。

家族が増えることにも原因はあるが、家は大きいことに値打ちがあると考える人が多いからだ。中でも芸能人はその大半が、家の大きさが自分の人間としての価値を表すとさえ考えている。いわゆるステイタスである。

だから借金をしてまで豪邸を建てる。

そして、やがて持ちこたえられなくなって、人手に渡る。

それで済めばいいが、一般の人など、ローン地獄に陥って家族が崩壊することもある。

大きな家に住むことを夢みて、結果、叶わなかっただけのことか。

だが果たして、それは本当に純粋な夢だろうか。

そこに、見栄は、全くなかったのか。

家のことに限らず、人が人生で躓く時、足元に転がっているのが、見栄である。

見栄に捕らわれる時、人は決まって客観性を失っている。

その時の己の身丈を見極めるには、確かな冷静さがなくてはならない。

私が高峰のこの言葉をいまだに忘れられないのは、「身丈」という言葉をサラリと使ったその言語センスもさることながら、彼女が実際に、自身の身丈を見極めたことにある。

今、自分はどんな状況にいるのか。

これは簡単そうに見えて、なかなか難しい。

第一、今の自分の身丈なんて、人は考えるだろうか。

よほど経済的に窮するとか、家庭的な事情に迫られない限り、今の家のままでいいのか、この暮しでいいのかなど、そうそう考えるものではない。

高峰は、この時、自身の女優引退と住んでいる家との関係だけを考えたように思えるが、翻《ひるがえ》ってみると、彼女は幼い時から成人するまで、ずっと自身の〝今〟を冷静に見据えてきたのではないだろうか。

だから失敗しなかった。

恐るべき養母との間柄も、好きになれない女優という職業を続けるにあたっても、そして結婚も、引退も、家の縮小も……、あらゆる自身を取り巻くテーマに対して、慎重に精査し対処してきたように思えるのだ。

だからどれ一つ、破綻しなかった。

言いかえれば、高峰は、物心ついた時から、「これでいいのか？　自分は本当に今の自分でいいのか？」と、絶えず問いかけ、自分自身に警鐘を鳴らし続けてきたように、私には思えてならない。

「その時の自分の身丈」は、その時になって急に見えてくるものではない。

私はあまり好きではないが、「ブレない」という言葉。人はよく高峰秀子のことを「ブレない人」と言う。

もしそうだとしたら、それは高峰が譲らなかったからだ。

信条やポリシーなどという小難しい言葉ではない、もっと感覚的なもの。

良し悪《あ》し。

高峰は自分の考える「良し悪し」を、決して曲げなかった。

たとえ今は曲げざるを得ないとしても、先には必ず真っすぐに通した。

女優引退が一番わかりやすい例だ。

そしていつか己の信じる「良し悪し」を実行するまで、無為には過ごさなかった。

日本映画界に残した高峰秀子の仕事がそれを証明している。

その意味で、直感の人だったが、熟慮の人でもあった。

「家の履歴書」という連載を始める時、その企画を発案した今は亡き上司が私に言った、「取材依頼をする時は、ダメ元で、自宅でインタビューさせてくださいと頼んで」と。

だから高峰にも聞いてみた。

「自宅は困ります」

断られた。

その自宅に、今、私は住んでいる。

元女優でエッセイストの「高峰さん」は、私の母親になった。

そして母は、もういない。

あれから十八年しか経っていない。

時々、心がゾクゾクすることがある。

私は、この家に住んでいいのだろうか？　高峰秀子の娘でいていいのだろうか？

今頃になって私は慌てて自分の身丈を見極めようとしているのか。

いや。私が恐怖しているのは、きっと他のものだ。

「分」という、もっと恐ろしい戒《いまし》めである。

「親兄弟、血縁」と聞いただけで、
裸足で逃げ出したくなる

血縁とは厄介なものである。

父親のことをこき下ろす友人に向かって、「そんなに言うもんじゃないよ」とたしなめながら、自分は自身の父親を完膚《かんぷ》無きまでに糾弾する。だからと言って、他人に父親を悪く言われると、いい気持ちはしない。

それが赤の他人なら許せるが、自分の親となると容易に許せない。だが反対に、他人の落ち度は容赦なく追及するのに、自分の息子が同じ過ちを犯すと、大目に見る。

わけがわからない。

つまり人は、自分の血縁、殊に親や子に対しては理性的な判断ができないと思ったほうがよい。

それほど、人に冷静さを失わせるのが〝血〟というものであり、そこでは理屈は無力だ。

他人に対しても、血縁に対しても、全く等しい扱いや冷静な考え方を持てる人が、果たして世の中にいるのだろうか？

いる。

いや、正確には、いた。

高峰秀子という女優がそうだった。

私が知り得る限りの、たった一人の、人を血によって区別しない人だった。

というより、血の繋がりにより厳しい目を持っていたと言うほうが正しいかもしれない。

高峰はもともと、肉親との縁が薄い人だった。

五歳の誕生日に実母を結核で亡くして、その葬儀の翌日、父親の妹である叔母の志げによって函館から東京に連れていかれ、養女になった。実母の顔は、病室を訪ねた時のかすかな面影だけで、兄弟の顔は全く覚えていなかった。

そのまま何事もなければ、東京の下町の粗末なアパートで、太った養母と二人、肩を寄せ合って暮していっただろう。

人形の着物を縫う手内職で得る僅かな金をたまに帰る養父に巻き上げられる養母を、可哀相と思いながら、成長していったかもしれない。

だが今思えば、高峰秀子という人の人生が平凡であるはずがなかった。そういう星の下に生まれたとしか言いようのないほど、波乱と過酷を抱えねば許されぬ非凡な人間だったのだ。

彼女に起こった不測の〝何事〟とは、映画の子役になってしまったことである。

東京へ貰われてきて半年後、養父が秀子をおぶって蒲田にあった松竹撮影所へ行った。その日、撮影所では映画「母」の子役オーディションをしていた。養父は秀子を背中からおろすと、五十人ほど並んだ五歳の女児達の列の最後に、ポンと置いた。

高峰によると、養父は知り合いの大部屋俳優に会いにいったのだという。「オーディションのことを知っていたら、私をしょぼくれた普段着で連れていくはずがない」と。

事実、他の女児は皆、満艦飾《まんかんしょく》だった。

だが野村芳亭監督は秀子を選んだ。

その些細な偶然が少女の運命を決め、日本映画史に残る大女優を誕生させたのだ。

秀子は「天才子役」から「少女スター」となって、絶大な人気を集めた。

そして、人を不幸にする一番の原因〝金〟が、秀子を不幸にした。

人を変える一番の要因である〝金〟が、養母を変えた。

子役になったその日から、五歳の秀子は、養われるべき養父母を逆に養う羽目になり、十三歳の時からは、秀子の稼ぐ金をかさに養母は絶大な権力を振るうようになり、北海道から十数人に及ぶ親族を呼び寄せてその生活を秀子に担わせたのである。

秀子が凡庸な子供なら、「学校へ行きたい」と言ったかもしれない。「もう撮影所に行くのはイヤ」とダダをこねたかもしれない。

だがもし金の他に不幸の要因と呼ぶべきものがあったとすれば、それは、高峰が賢い子供だったことである。

自分の稼ぎで養父母が暮していること、自分が働かなければ十数人の血縁が飢え死にすることを理解した上で、それを「言ってどうなる」と思える人だったことかもしれない。

だが、私は今でも不思議でならない。

高峰が五歳でデビューして五十五歳で引退するまでの五十年間、親類はなぜ、ただの一人も「秀子さん、ありがとう」と言わなかった？「もういいですよ、うちはあなたの援助なしでやってゆけますから」と申し出なかった？どうして誰一人として「志げさん、秀子さんが気の毒ですから、せめて小学校だけでも行かせてやってください」と言わなかった？

金は時として人を不幸にする。

だが人を苦しめるのは、人間である。

高峰は結婚する前、初めて松山善三の実家で彼の母親に会った。リウマチで身体が不自由だった小さな母は脇息にちょこんと腰掛けていたそうだ。

母親は言ったという。

「秀子さん、ごめんなさいね。うちが貧乏だから息子に何もしてやれなくて。あなたに働いてもらうなんて、本当にすみません」

一瞬、高峰には意味がわからなかったそうだ。二十九歳になるその日まで、血縁と呼ばれる人間誰一人にもかけてもらわなかった言葉、

「ごめんなさいね」「あなたに働いてもらうなんて」

意味がわからないほど、高峰は麻痺していた。意味がわからないほど、自分の労働の糧を顔も知らない血縁が吸い取っていくことを当たり前としてきたのだ。

やがて、高峰は、とめどもなく涙が出たという。そして思ったそうだ、「松山と結婚しよう。このお母さんに育てられた松山と結婚しよう」と。

私は高峰と知り合って死別するまで二十年、彼女から親族の噂を聞いたことがない。

初めての拙著『高峰秀子の捨てられない荷物』を書くために、松山から様々な書類や手紙を見せてもらって、高峰と親族との間にあった過去の出来事は知ったが、高峰の口から、その時現在の親族についての情報は何一つ聞いたことがない。

一度だけ、確か、今から十年ほど前か。

ある日の午後、いつものように雑談をしていると、唐突に高峰が言った、

「弟の○○が死んだよ」

それだけだった。

「そう」

私もそれしか応えなかった。

それ以上言うには、高峰が痛ましかった。

恐らく訃報のハガキでも来て、知ったのだろう。

以来、高峰の兄も含めて、親族の生死さえ知らない。

女優を引退したあと、高峰は全ての血縁と縁を切った。

電話が来ても、手紙が来ても、高峰は取り合わず、やがて、完全に縁は切れた。

私が先の拙著を書くために渡された手紙の一通は、松山が保管していたものだ。

既に引退している高峰に、どこかの県で「二十四の瞳」を上映するから、来て知事に挨拶してくれという次兄からの手紙に、高峰が断りの返事を出したのだろう。それに対する返信だった。「困っている時に助け合うのが兄妹というもの。秀子さん、自分のためだけに地球が回っていると思ったら大間違いだ」、そんな内容が書いてあった。

当時、私は読んで、怒りで身体が震えた。

高峰から学ぶ機会を奪い、何十年も搾取して、なおこの文面を書ける神経に、慄然《りつぜん》とした。

一体、血のつながりとは何だろう？

私には答えが、出ない。

ただ、選ぶことができないもの、それだけはわかる。

だから高峰は選んだ、夫を。

誰に強いられることなく、自分自身の気持ちで、生涯の伴侶を決めた。

血は水より濃いのだろうか？

やはり、私にはわからない。

わかることは、高峰がただ一度、感情らしきものを交えて肉親について語った言葉。

「『親兄弟、血縁』と聞いただけで、裸足で逃げ出したくなる」

この言葉を言わせた、高峰の人生。

それは高峰にしかわからない歳月だという、そのことだけが、かろうじて私にわかることだ。

高峰は最後に、もう一人選んだ。私という養女を。

一体私はどうすればいい？

そればかり考えている。

手って、有難いね

それが服装であれ、歩き方であれ、あるいは筆跡であれ、もちろん表情も言動も、身にまとうあらゆるものが、その人間の人となりを表している。

手も、同じだと思う。

「男の人で手が薄いって、何となくイヤだと思わない？」

ある日、夕食の卓で、高峰が言った。

その日の午後、仕事で会った男性の手がひどく薄かったのだという。

私はその問いに答える前に、まず、会った相手の手まで子細に見ている高峰の、その観察眼に驚いた。

そして、答えた、

「うん。そうだね。そう言えば、本当にそうだ」

高峰がどういう理由でそう思うのか、男の手の薄さに何を感じるのか、なぜ聞いておかなかったのかと今となっては後悔するが、しかし即座に納得した自分の気持ちを分析してみると、どこかでその男を信頼できない〝実の無さ〟のようなものを感じるのだ。

高峰の理由も、そう違ってはいないと思う。

病気の場合は別として、健常な男の手が薄いというのは、掌の筋肉が発達するほど手を使ってこなかったことを示している。

と言って、何も力仕事さえできれば男は偉いというのではない。ではないが、男の手には〝してきたこと〟が表れると思うのだ。どんな子供時代を過ごしたか、青年時代は……。つまりその男がどれほどの山谷を己の素手で切り開いてきたか、大げさでなく、人生が表れていると、私は思う。

だが一方で、それは好き嫌いの問題とも言えるから、白魚のような手をした男が好きだという女性もいるだろう。

だがやはり、私は高峰に賛同する。

そして「手のきれいな男の人って好き」「嫌い」というありふれた見方ではなく、〝手の厚さ〟、そこに着目した高峰の発想も好きだ。

「よかったね、とうちゃんは手が薄くなくて」

側で黙ってビールを飲んでいた松山に私が言うと、

「ふふん」

松山は微かに笑って、再びグラスを上げた。

職業は、万年筆一本しか握らない脚本家だが、松山善三の手は厚い。

一様に脚本家になった人ではない。

そして女の手。

これは、男の手が生き方を表すのに対して、生活の仕方を表している。

端的に言えば、水仕事をしているか、いないか。手を見れば、わかる。

とどのつまりは〝お母さんの手〟かどうか。

子供を産む産まないは関係ない。象徴としての手である。

今そんな手をした女性がどれほどいるか知らないが、少なくとも昭和四十年代以前の母親、高度成長期以前の相応の年齢に達する女性達の大半は、そんな手をしていた。

それらは等しく、疲れて、時に荒れて、間違っても〝手モデル〟にはなれない手をしていた。だが極めて生き生きとして美しかった。

毎日欠かさず自分の手で食事を作り、自分の手で洗濯をして、自分の手で箒《ほうき》や雑巾《ぞうきん》を持って掃除をしていたからだ。

私が知る高峰秀子の手は、紛うかたなき〝お母さんの手〟だった。

〝女優の手〟ではなかった。

だからと言って、高峰は盥《たらい》で洗濯をしたり雑巾がけをしていたわけではない。

だがいつも、洗って、拭いていた。

食材の菜っ葉を一枚一枚ていねいに洗い、使った食器はまず軽く手洗いしてから食洗機にかけていた。

布巾を洗って固く絞り、流しもガス台も調理台も食卓も冷蔵庫の中も電灯の笠も……ありとあらゆる場所を自分の手できちきち拭いていた。その日に使った下着とストッキングは必ず入浴時に手洗いしてバスルームに干していた。

気が付くと、いつも台所にいた。

「かあちゃんが今ご飯を作ってやるから、その辺に転がって雑誌でも読んでな」

まだ松山家に通い始めて間もない頃、高峰は私にそう言って、夕飯の支度を始めた。

私は言われた通り、庭に面した大きなガラス戸の前にゴロリと横になって、傾きかけた秋の陽を見ていた。

そして振り向いてみた。

カウンターの向こうの台所で、高峰が米を研《と》いでいた。

小さな肩を揺らして、懸命に米を研いでいる。

急に涙が出そうになったのを、覚えている。

その後ろ姿が、神々《こうごう》しかった。

そこには労働の美しさがあった。自分以外の人間のために食べる物をこしらえようとしている慈愛があった。

高峰はエプロンというものをしなかった。自宅ではいつも部屋着を着ていた。自分では「ガウン」と呼んでいたが、冬なら足首まである長い部屋着。全て水色だった。

どれもハワイで求めたもので、胸に小さなレースの縁取りがあったり、繊細な刺繍《ししゅう》があるものもあった。夏は七分丈の綿の部屋着。

信じられないが、そのエプロンもしない部屋着に水が撥ねて濡れていたということは、一度もなかった。

秋口から初夏まで着る部屋着の長袖を、高峰はいつも肘《ひじ》までまくって、そこを輪ゴムで止めていた。昔のお母さんが割烹着《かっぽうぎ》の袖口をそうしていたように。

その肘から先の細い腕と手が、いつも冷たくて、私は触るのが好きだった。

ひんやりとして、気持ち良かった。

夕飯を食べながら、私は自分の左側にいる高峰の食卓に置いた右手に、よく自分の左手を乗せた。

私の手にすっぽり隠れるほど小さな手は、既に七十代の半ばも過ぎて、痩せた甲には血管が浮き出て、老いていた。

そういう時、高峰はちょっときまり悪そうに、手を裏返した。

掌は、桜色で柔らかかった。

やはりそんな時、自分の老いた手を見ながら、高峰がこんなことを言ったことがある。

「昔ね、卓袱台《ちゃぶだい》を挟んで年配の女優と撮影してたら、その人がサッと自分の手を卓袱台の下に隠したの。『あなたの手があんまりきれいだから、恥ずかしい』って。そのぐらい、昔は手がきれいだったのよ」

だが、その顔に憂いはなかった。

それと同じ高峰の顔をもっと以前に見たことがあると、私は思った。

確か二度目に高峰にインタビューした時で、彼女が初めて書いたテレビドラマの脚本について取材した時だった。

結婚二年目に松山が腎臓結核になり、医者からしばらく座業を避けるよう言われて高峰が松山の口述筆記をした。以来ずっと、そうやって口述筆記をしてきたから、今回の脚本も書けたのだという話だった。その時、ふいに高峰が右手の甲を上げて、私に見せた。

「ホラ、私の人差指、曲がってるの」

細くて白い人差指は、第二関節から上が、中指のほうに向けて曲がっていた。

ワープロやパソコンが出現する前、物書きは皆そういう手をしていた。鉛筆や万年筆が長年、人差指を圧迫した結果だ。

その時「ホラ」と言って私に右手の甲を見せた高峰の顔が、とても嬉しそうだった。

女優が、しかも大女優が右手の人差指が曲がったことを嫌がりもせず、それどころか人差指が曲がるほど夫の仕事を手伝った自分を幸せだと感じている。私は、高峰秀子という人に一層惹かれたものだった。

それと、同じ顔をしていたのだ。

そして「昔はきれいだったのよ」と言ったあと、愛おしそうに自分の右手を見ながら、言った、

「手って、有難いね」

高峰は私に微笑みかけた。

だが、私は思わず視線を外してしまった。バツが悪かった。

八十年近く、片時も怠けることなく生きてきた人のその言葉と笑顔が、私には眩しすぎて、疾《やま》しかったのだ。

やがて夕食が進み始めた頃、私は盗み見るようにして、もう一度高峰の小さな手を見た。

常にきちんと切り揃えられた爪が老いた甲の先で輝いていた。

この手は、どれほどの辛酸に耐え、働き続けてきたことか。

手って、有難いね——。

あれは、高峰の、生きることへの賛歌だったと、今、確信する。

学校にゆかなくても人生の勉強は出来る。
私の周りには、善いもの、悪いもの、
美しいもの、醜いもの、
なにからなにまで揃っている。
そのすべてが、今日から私の教科書だ

これは、高峰秀子が十四歳の時に呟いた言葉である。自身の心の中で。

だから私はじかに聞いていない。

彼女の自伝『わたしの渡世日記』を読んで知った。

二十代だった私は、この言葉を読んだ時、平手打ちを喰らったような気持ちがした。

高峰秀子には学歴がない。

五歳で映画の子役になり、正確には子役にされて、以後、養父母と十数人の親族を養うために働き続け、小学校にも延べ一カ月しか通っていない。

十三歳になると、松竹で天才子役として人気を博していた高峰を、東宝が引き抜く。

東宝は移籍の条件として三つの事柄を挙げた。

一つ、給料は松竹の倍。二つ、高峰と養母のために成城に家を構える。

もちろん養母は二つ返事で飛びついた。

だが、「お世話になった松竹に申しわけない」と、田中絹代に相談までして迷っていた高峰自身の心を動かしたのは、ついでのように加えられた三つ目の条件だった。

「女学校に入れてやる」

高峰は学校へ行きたかった。

掛け算も割り算もできない自分、何県がどこにあるのか、何川がどこを流れているのか、同い年の少女が知っていることを何も知らない自分を、十三歳の高峰は強く恥じていた。

学校へ行けば、学べる、勉強ができる。

〈「私も女学生なのよ、これから学校へ行くんです。どうぞヨロシク」私はそう叫びたい思いを抑えるのがやっとだった。〉

お茶の水の文化学院に初登校する電車の中で、だから秀子はこれほど喜びと幸せを感じたのだ。

だが、幸せは続かなかった。

東宝に移った高峰秀子は、少女スターとしてますます人気を集めて仕事に追われた。そしてその稼ぎに十数人の血縁がぶら下がった。

二年生への進級を前に、担任教師は秀子に言う、「文化学院がいくら自由な学校でも、一カ月に二日か三日の登校日数では、進級させられません。この際、学校をとるか、仕事をとるかはっきり決めてほしい。秀子さんは俳優として有望だから、学校をやめて専心したらどう？　よく考えて、返事してください」。私が平手打ちを喰らったのは、それに対して高峰がどう応じたかである。

〈考える？　いったいなにを考えれば良いのだろう。私には考える余地もへったくれもありはしなかった。私が仕事をやめればその日から、母と私と、私の背中にしがみついている親戚たちは食うものも食えず路頭に迷うハメになる。俳優として有望であろうがなかろうが、私という金銭製造機が止まってしまったら、すべては一巻の終りである。「はっきりと決めたくなんかない」けれど決めなくてはどうしようもない。「ぜいたくは敵だ」という言葉が私の心に浮かび上がってきた。

「学校を、やめます」

私は、ハッキリと答えた。もう、二度とここへ来ることはないだろう、人っ子一人いない校庭は、私の眼にまぶしく、白っちゃけて見えた。〉

たった十四歳の少女が、こう決めたのである。

誰にも相談せず、その場で。答えるまで十秒も要さなかったはずだ。

大人だって「家に帰って考えてみます」ぐらい言うだろう。

それを、十四歳で即答した。

まだ一読者だった私は、「なんて凄い人だろう」と、茫然とした。そして高峰を知ってからの私は、「ああ、かあちゃんは、この時も逡巡しなかったのだ」と、改めて感服した。

高峰は先の自著の中で、当時の自分を次のように記している。

〈東宝映画は、私を俳優として必要であったからこそ、いうなれば敵方の松竹へのりこむという危ない橋を渡ってまで、私を東宝傘下へ呼び入れたのである。映画会社は慈善事業ではない。折角ひったくってきた俳優がのんびりと学校へ通っていたのでは商売にならないのである。私は一個の商品であった。商品が女学校へ行きたいなどとホザクのは、それこそ、ゼイタクの限りと言うべきだろう。〉

私は一個の商品であった――。

これら残酷とも悲痛とも言える現実認識は、『わたしの渡世日記』を週刊誌に連載する際に記したものであり、五十五歳の高峰の頭が考え出した文章である。

ではあるが、書いたのは五十五歳の時でも、考えたのは十四歳の当時だったと、私は思う。もし今、高峰が生きていて、「これは十四歳の時の考えですか?」と私が問えば、高峰はこともなげに「そうですよ」と答えるだろう。五歳の時、助監督が「秀ちゃん」と猫なで声で控室に出番を知らせにきた時、「フン、私が金を稼ぐからそんなおべっか使うんだろう」と思ったことを、私が「いくら何でも五歳で……。それは大人になってから考えたことじゃないの?」と疑うと、「違うよ。本当に五歳の時、そう思った」と明言したように。

だからこそ、十四歳の秀子は誓うのだ、

「学校にゆかなくても人生の勉強は出来る。私の周りには、善いもの、悪いもの、美し

いもの、醜いもの、なにからなにまで揃っている。そのすべてが、今日から私の教科書だ」

そして教師に退学する意志を告げたあと、帰宅して、まだ真新しい教科書を古新聞の山と一緒に紐《ひも》で縛るのである。

これ以後、高峰は終生、学校というものと縁が切れた。

人は、選択を迫られた時、何を指針に心を決めるのか。

己の気持ちか、希望か、損得か、それとも誰かのためにという美しい犠牲心か……。

高峰は、そのどれでもなかった。

宿命。

ただそれだけに、準じた。

それは言いかえれば、選択肢がないに等しい。

諦めと覚悟との違いを、十代で既に高峰は知っていたと思う。

だが凡愚な人間は、ない選択肢を無理にでも選ぼうとする。

「何もかも投げ捨てて家を出ればよかった」

私が高峰に言ったことが、それである。

高峰は、少し呆れたように応えた、

「十四や十五で家を出て、何ができるの」

あの溜息をつくような、高峰の寂しげな微笑みは、今思うと、呆れの他にもう一つのことを語っていた。

「そんなこと考えるなんて、幸せね、あんたは」

絵空事を考えられる人間は、幸せなのだ。

言うて詮無いことが言える人間には、まだ甘える余裕があるのだ。

どれほど高峰に感服しようと、どれほど高峰を讃えようと、普通に小学校から高校、大学にまでやってもらった私には、また同じような誰にも、行きたくても行けなかった人の、〝学校〟という学び舎への切望はわからない。

そして否も応もない現実に立ち向かった人間の、叫ぶような心情も、わかりはしないのだ。

私にわかることがあるとすれば、少なくとも高峰秀子という人は、十四歳の春の日、一人で心に決めたことを片時も忘れることなく、八十六年を生きたことだけである。

撮影の合間に一人で縁側に腰掛けていた高峰に「デコ、つまんないかい？」と声をかけ、高峰が「つまんない」と答えると、「あの松の木はなぜこっちに向かって曲がっているんだと思う？」「何でもいいから興味を持ってごらん。そうすると世の中そんなにつまんなくもないよ」と言ってくれた山本嘉次郎《かじろう》監督、「デコちゃん、本当に、本当に女優をやめたいんなら、うちへおいで。文章は学歴で書くんじゃない」、そう言って手を差し伸べてくれた文藝春秋の池島信平、「学問がなんだ！　金さえありゃ、團十郎だって買えるんだ」と豪語した養母、ボケた養母をガーゼの寝巻に空のハンドバッグだけ持たせて松山家の門前へ捨てていった親戚……。

善いもの、悪いもの、美しいもの、醜いもの。確かに高峰は、自分の周りにある全てを教科書として、生きた。

「どんな教育をすれば高峰さんみたいな人間ができるんだろう……」

かつて作家の司馬遼太郎氏がつくづくと高峰の顔を見ながら漏らした問いに、答えるのは、難しい。

だが、そのことを考える時、私はなぜかいつも思い出す。

「結婚してからね、とうちゃん（夫・松山善三）が割り算と引き算を教えてくれたの」

あのあまりに幸福に満ちた高峰秀子の笑顔を。

こんな所で喋ってないで、
うちへ帰って本でも読めッ

なんとエラそうな物言い、と解《と》られるかもしれない。

だが高峰はこの言葉を、対峙している相手に言ったのではない。そしてもとより高峰は、人に「……してください」と言うことはあっても、この「読め」に類する「……しろ」「やれ」などという下品な命令形は、当たり前だが普段一度も使ったことはない。

この言葉を高峰は、独り言でも言うようにポツリと、しかし明らかに力を込めて、言った。

非常に印象深かったので、時も場所も状況も、よく覚えている。

私が、二度目に高峰に会った時である。

平成六年九月十七日土曜日。当時の手帳には「１：３０、高峰さん迎え↓オークラ」と書いてある。ホテルオークラは松山家に近く、高峰も松山も贔屓にして、そこでよく来客を接待していた。

だがつい最近、このホテルでも食品の〝虚偽表示〟が発覚したから、高峰が生きていたらさぞ嘆いたことだろう。

もっとも、先から少し経った頃こんなことがあった。

同ホテルのある店で高峰と編集者と昼食をとった時だ。「ここはご飯をお代わりできるのよ」、既に小さな茶碗に盛られたご飯を食べ終えようとしている早食いで大食いの私に、高峰はそう気遣ってくれた。だがしばらくすると、高峰は仲居さんに合図して「こちらにご飯のお代わりをお願いします」と告げ、その仲居さんが去ると言ったのだ、「ここもダメになったわね。以前なら、お客が黙っていても、それとなく食べ方を見ていて、『ご飯のお代わりはいかがですか？』と聞いたものですよ」。

してみると、既に二十年近く前から、このホテルも質が低下していたのか。

話を戻して、私の手帳には、その前日に「高峰さんにｔｅｌ」と赤字で書き入れている。

そうだった。高峰と取材の約束をして日時を決めると、高峰は決まって私に言ったものだ、「前の日に電話してね」。

これは本来、取材を依頼した側が気を利かせて言わねばならないことだ。「前日に確認のお電話をさせていただきます」と。

今はメールが普及しているが、そのメールでさえ、よほど几帳面で気の利く編集者でなければ前日に確認の連絡は来ない。

高峰と仕事をしていた当時は手紙かファクシミリ、時間が迫っていてなおかつ相手にその場で確認したい時は電話だった。その確認の電話について高峰は、取材する側のこ

ちらが言う前に、自分で注意を促す、実に行き届いた人だった。時
人はうっかり約束を忘れることがある。覚えていても、日時や場所を間違えたり、時には前日になって急な用が入ることもある。

それらを全て見越して、高峰は約束の前日に電話するよう相手に言うのである。

こういう一見些細と思われることの積み重ねこそが重要で、いい〝仕事〟に繋がる。

さて当日。私はホテルオークラのある店で高峰に取材した。高峰が初めて書いた脚本「忍ばずの女」について。

コーヒーを飲みながら、取材は一時間ほどで終わった。午後三時を少し過ぎていたと思う。

私が取材用のノートやテープレコーダーを鞄《かばん》にしまっていると、高峰が私の背後を視線で示して、言った。

「見てごらんなさい。みんな女ですよ」

何のことかと思いながらも、私は高峰の言葉に促されて、振り向いた。

私の背後に広がる店内は、その百席ほどが殆ど客で埋まっていた。

なるほど女性ばかりだった。

それも中高年が大半の、そして場所柄、決して安くはない飲み物やケーキの代金を惜しみなく支払えるであろう〝奥様〟ばかりだった。

皆、一様に喋っている。周囲に注意を払うこともなく、笑って相手と喋っている。その時、高峰が席を立ちながら、私だけに聞こえる音量で、しかしその鍛練《たんれん》された口跡で、一言言ったのだ、

「こんな所で喋ってないで、うちへ帰って本でも読めッ」

悪戯っぽく、ニッと笑っていた。

「ハハハ」、私は思わず声を出して笑った。

だが、すぐに感じた。

高峰さんはわざと悪戯っぽく言ったが、これは真剣な言葉だ、と。

目が、笑っていなかった。

私は高峰と一緒にレジに向かいながら、様々なことを考えてしまった。

そうか。高峰さんは小学校にも満足に通えなかったんだ。だから小学校一、二年の担任だった指田先生が地方ロケに発つ高峰さんのために東京駅や上野駅のホームに走ってきて、汽車の窓から自分の幼い息子が使っている絵本を差しいれてくれて、それを汽車の中で見ながら独りで読み書きを覚えたのだ。初めて書店に足を踏み入れたのも、同じアパートに住んでいた大学生「川島のニイちゃん」が「秀子ちゃんも一緒に入ろうよ」と誘ってくれたからで、それまでは「私みたいなバカが入っちゃいけない場所だ」と高峰さんは思っていた。既に十一歳になっていたのに。それがきっかけで、撮影の短い休

憩時間でも読める岩波文庫の短編を読むようになった。しかし就寝前に布団の中で本を読んでいると、養母が「私への当てつけか！」と、頭上の電灯を消した……。

高峰さんにとって、本を読むことは〝学ぶ〟ことなのだ。

まだ高峰自身の口からそれらの過去を聞いていなかった私の頭の中に、高峰の著書から得た知識がぐるぐると渦巻いた。

私は、店を出る時、改めて店内を見回した。

皆、喋っている。ある者は声高に、ある者は身をよじって笑いながら……。

その時、私は、それまで何度も見慣れているはずの光景が、生まれて初めて、ひどく白茶けて見えたことを覚えている。

そして当時まだ重い病気に苦しんでいた郷里の実母が、かつて言った言葉を思い出した、「あの人はええ身分や。ぎっちり喫茶店に行って人とコーヒーを飲みゆう」。

実母もまた、学びたい気持ちが叶えられなかった人だった。

喫茶店でお茶を飲んで喋ることが悪いというのではない。

だが、高峰秀子が言った言葉には、聞く者を刺すような、痛みがあった。

学びたくても学べなかった人間の、本を読みたくてもその時間すら与えられなかった人間の、自分の時間を他者に牛耳られ続けた人間の、そしてできれば今日という日を悔いない一日にしたいと願う人間の、叫ぶような切なさが、あった。

人は誰でも、老いて、死ぬ。

いつ自分の一生が終わるのか、誰も知らない。

本を読めば偉いというわけではない。

だが少なくとも、高峰秀子は、さしたる用件もなく人と会って喋るより、もし自由になる時間があれば、一人で本を読む。そちらを選ぶ人だった。

人の一生は、朝、顔を洗って歯を磨いて……、選ぶことの連続であり、その集積が人生だとさえ言える。

そのことを、高峰は知っていた。知っているだけでなく、片時も忘れなかった。

ホテルの喫茶店で私は恐らく千人近い著名人に取材したと思う。

帰りがけに、こんな言葉を漏らしたのは、高峰秀子ただ一人だった。

十四歳の時、引き裂かれるような思いで自ら退学することを選んだ学校の校庭で、高峰は決意する、「学校へゆかなくても勉強はできる。今日からは私の周りの人全てが私の先生だ」。

その時から六十年という歳月を経て、なお高峰は、確かに、人を見ていた。

何気ない日常の小さな一コマの中にも、人間のありようを、見据えていた。

次の一分、次の一秒に自分が何をしているか。選ぶのはその人自身である。

選んだ結果が、その人生であり、その人間を作る。

それを歳月は、残酷なほどに証明する。

時間の無慈悲を、高峰は知っていたと思う。

あの時、小さく笑った面差《おもざ》しの、しかし強く光っていた彼女の眼が、それを物語っていた。

そんな昔話、
誰も聴きたくありませんよ！

愚痴、説教、昔話。

年寄りの三種の神器だと、私は思っている。

もちろん例外はある。

現に五十代後半の私など、既にずっと以前からこの三つが揃っているのだから、何も年寄りの専売特許ではなく、単に性格の問題であり、年齢には関係ないとも言える。

だが「概して」、年を取ると人は皆、この傾向が顕著になるものだ。

なぜなら、自分の後ろに連なる長い歳月が愛おしくなるから。つまり未練である。

中でも女優という人種、特に年を取った女優、加えて芝居が下手な女優ほど、この三つの傾向が極めて強い。

まず自伝を読めばわかる。愚痴は、事実を捻《ね》じ曲げることも含めて己の人生を正当化するための弁明に変わり、説教は陳腐な人生訓に化けて、昔話は明らかな自慢話になる。いかに自分はあの作品で役柄を研究したか、名演技をしたか、監督に褒められたか、観客に支持されたか……。

一読者なら自伝を途中で閉じれば済むが、インタビューの仕事をしているとそうはいかない。どれほどウンザリしても「それは違うだろう」と思っても、最後まで読みあげて取材ノートを作らなければならない。その上で、さらに本人に取材して再度ウンザリしなければならない。

もちろんこれにも例外はある。が、非常に稀だ。と経験上、断言する。

だから二十代の終わりに、初めて高峰秀子の『わたしの渡世日記』を読んだ時、驚いた。明らかに著者はタダものでないと感じた。

未だに、これほど自己を客体化して、どこまでも冷静に自身の過去を綴ることができた女優を、私は知らない。

その後、仕事で本人に出逢い、知れば知るほど、目の覚めることばかりだった。愚痴も説教も昔話も皆無な人だったからである。

親しくなった時、既に高峰は七十代という老人だったにもかかわらず。しかも女優であるにもかかわらず。

昔話は、即ち自慢話である。

「昔は私も……」「昔ねぇ……」、年寄りがする過去の話は、十中八九、自慢である。苦も楽も結局は全てが、己の手柄と美談になって語られる。

人間は本来弱い動物だから、自己愛や自己憐憫《れんびん》で己を慰めなければ生きていくのが辛い。だから仕方がないことかもしれない。

しれないが、正直、聞かされる側はウンザリする。その意味で私も大勢の人間をウンザリさせてきたと思う。

しかしそういう私だからこそ、高峰の一言には目を見張った。

平成九年四月二十九日、高峰秀子は日本橋三越の中央ホールで三十分のトークショーに出た。

彼女の著書『にんげん蚤《のみ》の市』が上梓されたことを記念して開かれた催しだった。

だからその言葉を聞いたのは、一週間前の二十二日だったと記憶している。

当時私は毎日のように高峰の手料理をご馳走になっていた。だからその日も午後遅く、松山家にいた。

夕食の下ごしらえを既にしてある高峰は、食卓で一通の封書を開いて読み始めた。

「何？　これ。当日は『二十四の瞳』の思い出話などをだって」

今だから正直に書くが、その時の高峰の表情は、明らかに忌々しそうだった。

書面はトークショーの担当者からだった。

高峰はすぐさま背後のカウンターにある電話をひっつかむと、書面の連絡先に電話した。

そして相手が出るや、きっぱりと言った、

「手紙に『二十四の瞳』の思い出話をって書いてありますけど、そんな昔話、誰も聴きたくありませんよ！」

おぉ！

私は思わず心の中で快哉《かいさい》を叫んだ。

こんなことが言える七十三歳の女優がいるか。

三百余本に及ぶ自身の映画の代表作を、「そんな昔話」と言ってのける女優が。

私は惚れ惚れとして高峰の顔を見たのを覚えている。

そしてここが高峰らしいところなのだが、相手の提案を否定しっぱなしでは終わらない。否定するなら新たな提案をする。仕事をする上で大事なセオリーをこの人は実行する。

それが続けて言った言葉。

「今、みんなが知りたいこと、興味があるのは、どうやって老いるか。それですよ」

私は読んでいた雑誌をほっぽり出して、電話している高峰に拍手を送った。

「いいぞ、かあちゃん」

高峰は私の大向こうが聞こえたのか聞こえないのか、電話を切った後も、まだ憤慨している様子だった。

そして改めて呆れたように、

「『二十四の瞳』の思い出話だって」

高峰は、実にカッコいい人だった。

なぜ「カッコいい」と感じるのか。

欲がないからである。

こんなテーマは気に入らないけど、文句を言ったら自分の評判にかかわるかしら。せっかく本の宣伝のために出版社が企画してくれたのに、しのごの言ったら悪いかしら……。

一切ない。

こんなカビの生えた話ができるか。せっかく人様の時間を三十分も頂戴するのだから、もっと今に役立つ、せめて多くの人が興味を持つテーマにしたい。

高峰は単純にそう考えたのだと思う。

自分の評判だの人にどう思われるかなど、どうでもいい。

評判を何より気にする女優にはあるまじき人だった。

自分が良しとすることを言い、しないことには誰に対しても躊躇《ちゅうちょ》なく「NO」と言う。

高峰には揺らぐことない基準があった。

それは「普通は」「一般的には」「多くの場合は」という形がないくせに人を縛る世間智とは無縁の、「自分がどう思うか」、それだけだった。

その判断材料は即ち、高峰が生きた八十六年。その間に見聞した全てのことである。

欲しいものがある人間にはこれができない。

たとえば人に良く思われたい、損をしたくない……。自分の欲しいものを人質に取られていては、思うことも言えない。だから多くの人はせいぜい「やんわりと」「オブラートに包んで」伝える。だいたい、女優は端から、自分でじかに先方に何かを伝えたりはしない。間に人を立てる。マネージャーだったり、古い知人だったり。この場合なら、必ず出版社の人間に言わせるはずだ。自著を担当している編集者に「テーマが気に入らないから変えさせて」と。

それをしない高峰が、私は好きだった。

何でも自分でする。決して人の手をわずらわせない。

女優時代も、付き人やマネージャーを持たず、撮影所でも小道具を取りに行くことから何から、全て自分でやった。「何て手のかからない女優さんだろう」、若き助監督だった松山善三は感心したそうだ。

自宅に電話をすれば夫の松山が出たが、松山が不在の時には高峰本人が当たり前に「はい」と電話に出た。

ただしその「はい」は非常に用心深く、低い声で、絶対に「はい」としか言わなかった。

だが困ったのが原稿依頼の電話を受けた時だ。自分への依頼の電話を自分で取ってしまったのだから、逃げようがない。だがここがまた高峰の面白いところで、どう応じたと思う？

「私、家政婦だから、わかりません」

側で聞いていた私は、びっくりした。ようもまぁ、しゃあしゃあと……。時には「留守番の者なのでわかりません」とシラを切った。

そんな時、高峰の顔は真面目だった。冗談で言っているのではなく、本当に断りたいから真剣に嘘をついた。電話の相手も内心ではもしかしてと思っても、さすがに「あなた、高峰さん本人でしょう」と言う度胸はないから、誰もがそこで諦めた。

高峰は過去をないがしろにしていたのではない。おそらく自分の中には何一つ忘れずに、全ての過去がしまいこまれていたはずだ。

人に披露しなかっただけである。

他人にとってそれが有益かどうか、それは人様が決めることであり、こちらがあらかじめ有効なはずだとばかりに昔話をする不遜《ふそん》が、高峰にはなかった。

昔話をしなかった高峰が、逆に過去の歳月をどれほど大切にしていたか、次回に。

いい思い出だけあればいいの。
思い出はしまう場所も要らないし、
盗《と》られる心配もない

高峰を、最も象徴した言葉かもしれない。

名声も名誉も、財産も豪邸も、何も要らない。

「いい思い出だけあればいいの。思い出はしまう場所も要らないし、盗《と》られる心配もない」

私がこの言葉を高峰の口から聞いたのは、高峰が七十代半ばの頃だった。

だが何の話をしていた時なのか、覚えていない。

いつものように、穏やかな午後、松山家の食卓で、高峰とどうということのない話をしていた時なのか、あるいは夕食のあと、松山が書斎に上って、夕食の後片付けをしてもまだ肉体的余力があった高峰と、しばらく二人で好きな煙草を吹かしながら、あれこれ喋っていた時なのか……。

だが、この言葉を口にした時、高峰は実に満ち足りた顔をしていた。

なぜか、それだけは覚えている。

そしてうっすらと微笑むようにして、その小さな口元からフーッとひと筋、ヴォーグの煙を吐いたことも。

この言葉を高峰は、形にした。

松山と心を合わせて、九部屋ある教会建築の邸宅をぶち壊したのだ。

そのあとに建てたのが、現在の家である。

住み込みでいた三人のお手伝いさんに退職金を払って解散してもらい、長年集めた骨董《こっとう》や、百三十ピースに及ぶコーヒーセットをはじめとする食器、洋服、家具……そして夫婦合わせて百を超えた映画賞のトロフィー、ありとあらゆる物を売り払い、捨て、二年の歳月と莫大な金を費やして、家を小さくした。

〝終《つい》の住処《すみか》〟が完成した時、高峰は六十二歳になっていた。

女優引退から七年、遂に高峰秀子は、自らが理想とする家を手に入れたのである。

通常、芸能人と呼ばれる人は、借金のために豪邸を手放すことはあっても、金をかけて豪邸を壊すようなことは絶対と言ってよいほど、しない。逆に際限なく大きくする。まるで増大する欲望の発露のように。

だからある女優が声を潜《ひそ》めて、気の毒そうに私に言ったことがある。「高峰さんて、大きな家から小さな家に引っ越したんでしょう?」。

ボンクラめ。一言そう言ってやりたかったが、その女優に高峰が理解できるはずもないから、「いいえ。同じ場所で小さくしたんです」とだけ答えた。

相手はポカンとしていた。

つまり、それほど理解しがたいことなのである、普通の芸能人には。

むしろ、一般の人のほうが理解できるのではないだろうか。子供たちが独立して、これからは夫婦二人きりなのだから、掃除も大変だし、維持費もかさむから、もっと小ぶりな家にしましょうと。

高峰が九部屋ある大きな家に住んでいたのは、単に〝必要だった〟からだ。

家でグラビア撮影や取材を受ける時、応接間が一つでは、順番を待っている他の取材者達で廊下が満員になるので、応接間を三つ用意して、それぞれ別の部屋で機材などを準備して待ってもらう。そこを次々に高峰が回るのである。お手伝いさんの一人は撮影所へ同行して、共演者にお茶や椅子を出す。その間、自宅にはお手伝いさんが二人いないと、買い物に出かけることもできないし、トイレに入っている間に電話が鳴ったら取ることもできない。だから三人いた。その彼女達の部屋や風呂、台所が必要だったから、家が大きかった。

女優をやめたら、そんな大きな家も、お手伝いさんも必要ない。

高峰は、理想をめざすと同時に、極めて合理的な人でもあった。

恐らく、現在の松山家を人が見たら、〝大女優・高峰秀子の家〟にしては粗末だと映るかもしれない。実際、初めて訪れた顧問税理士氏が「失礼ですが、高峰さんの家はもっと大きいかと……」と遠慮がちに言ったものだ。正直な人である。

にして。

だがこの小さな家がいかに機能的に設計されているか……。いや、それはまたの機会

この、家を縮小したことは、高峰の生涯の中で、結婚に次ぐ大きな決めごとであり、また自分自身の意志を具現化できた希少な作業だったろうと、推測する。

そして結婚と同じく、夫である松山善三の同意なくしてはできないことだった。

「死んでたまるか」という高峰のエッセイの中に、こんな記述がある。

〈建築中、ホテル住まいをしていた私たちが新居に入ったのは六十一年、二月はじめの大雪の日だった。この家の最大の贅沢はセントラルヒーティングで、家中がぬくぬくと温かい。

「たいへんだったネ」

「たいへんだった」

「でも、サッパリしたネ」

「ああ、サッパリした」

私たちは、思い切り首をのばした亀のような顔をして、大きく開いた窓外の美しい雪景色を眺めた。戦いすんで、日が暮れて……という心境だった。〉

妻も夫も、満足だった。

そしてこのエッセイの中にも、冒頭と同じ意味のことを書いている。

〈「身死して財《たから》残ることは智者《ちしゃ》のせざる処《ところ》なり……」と、私の敬愛する、なんでもかんでもいいと見苦しのオッサン、吉田兼好の『徒然草《つれづれぐさ》』にもあるではないか。物への執着は捨てて、物にまつわる思い出だけを胸の底に積み重ねておくことにしよう。思い出は、何時でも何処でも取り出して懐かしむことができるし、泥棒に持っていかれる心配もない……家財道具は三分の一に減った。〉

家を縮小した二年後、昭和六十三年に書いたエッセイである。

さらに六年後の平成六年には、月刊誌でインタビューを受けて、自ら「人生の店じまい」と表して、家を小さくしたことを語り、その談話を次の言葉で締めくくっている。

「思い出のようなものはいくらあっても重たくないし、持ち運び自由。良い思い出がたくさんあるだけで、もう充分ですよ。だって裸で生まれてきたんですもん、裸で死んだらいいんじゃない？」

五歳の時に職業を決められ、学ぶ機会を奪われ、住む家を決められ、行動を束縛され……。高峰の半生は、あらゆることが他者によって決定されてきた。高峰自身の意志を尊重してくれる人は誰もいなかった。

こういう状況に置かれた時、人は腐る。自暴自棄になる。逃れようとする。

だが、高峰は、そのどれでもなかった。

小学校へも通えず文盲になりかねない環境の中で、絵本を見ながら独学で読み書きを覚え、女優業は性に合わないと痛感しながらも、どうせやめることができないなら自分に恥じない仕事をしようと、五十年続けた。ある日撮影から帰ると庭にバラのアーチが出現していて「ゲッ」と思うが、その側でニッコリとカメラに収まった。十数人の親類達が自分が汗水垂らして稼ぐ金を容赦なく吸い取っていっても、文句一つ言わず、黙って働き続けた。

押し寄せる過酷な現実にのみ込まれることなく、その中で自分自身を失わず、周囲の人間のありようを見据えながら、ようやく六十の坂を越えた時、本当の自分らしい生活を手に入れたのである。

この言葉には、高峰の、無欲と潔《いさぎよ》さが、表れている。

幼い時から色あせることなく持ち続け育《はぐく》んだ資質と、そこに稀有な実行力を加えて、高峰は、理想を現実にしたのである。

今の家が完成した時、高峰は松山と共に満足を分かち合いながら、一方で、独り、心の中で大きく頷いたことだろう。

そして何ものにも代えがたい「いい思い出」をいっぱい抱きながら、静かに老いに向かって歩き始めたのだ。

理想と現実。

人間にとって最も合致させることが難しいこの二つのものを、誰よりもかけ離れた距離に置かざるを得なかった高峰秀子は、長い歳月をかけて、見事にピタリと合わせたのである。

高峰が愛した家で、今、私は、父・松山善三と、「いい思い出」に包まれている。

高峰秀子は「いい思い出」を心から愛《いつく》しみ、そして多くの人に「いい思い出」を残す人であった。

あとがき

言葉とは、その人が生きるうちに吹かれる風のように、降られる雨のように、照らされる陽のように、身に浴びるものであり、いつどこで吹かれたのか濡れたのか照らされたのか覚えていないけれど、確かにその身に触れたものである。

そしてそのいつどこで触れたのかわからないものが、十年、二十年、三十年……と、少しずつ少しずつ身体に付着して、その人の物言いや言語体系を作っていく。

考えてみれば、恐ろしい。

こんな言葉は使わないようにしよう、この言葉を是非自分の言葉として取り入れたい。物心ついた頃や思春期にそう意識して取捨選択する人がどれだけいるだろう？

たいていは無意識に聞き、無自覚に喋り、日常を過ごしているのではないか。

だから、恐ろしい。

知らぬうちに出来上がってしまう〝その人の言葉〟。

そして使う言葉はその人そのものとなる。それが、何より恐ろしい。

以前、著名人に半生を聞く仕事をしていた時、気付いたことがある。その喋り手が自分のことを何と言うか。「私」「あたし」「うち」「わたくし」「僕」「俺」……。そこにその人の人柄や過去が表れる。もっと明確に表れるのが、母親をどう呼ぶかだ。「母親」「母」「お袋」「ママ」「あの人」「彼女」。母子関係が見えてくる。父親に対するそれより、母親に対するほうが顕著だ。

呼称一つにさえその人間が表れるのだから、喋ることは、まさに「私はこういう人間です」と看板を掲げているのと同じである。

隠すことはできない。繕《つくろ》おうとしても、わかる。

「幻滅した。あればあ顔も綺麗で、綺麗な声で唄うに、物を言うたら場末の女給みたいやった」、そう言って、ある美しいオペラ歌手のことを、死んだ実父が嘆いたことがある。

実母は十代だった私に注意した、「そんな言い方をしよったら、そういう言い方しかできん人間になるぞね」と。

そしてなってしまった。強い語調できつい物言いをする人間に。

言葉遣いは、直すことも難しい。

知らぬ間に身に付いたものだから。

私は、高峰の物言いが好きだ。

伝法《でんぽう》だが、品がある。

本人は「ぶっきらぼう」と称したが、私は簡潔だと思う。

言葉に嘘がなかった。

飾りや、婉曲、蛇足が、全くなかった。

彼女の文章も同じである。

相手の気持ちを動かす、聞いていて膝を打つ、思わず笑ってしまうウィットに溢れた、そして時にはこちらの胸を刺すように深く暗い情念の籠った、ありとあらゆる心情を、さらりと口にした。

極めて言語能力の高い人だったと思う。

喋り言葉の場合は、あの多彩な声音と、何より心の襞《ひだ》まで見事に表してしまう彼女の〝眼〟が伴ったから、聞いていて、こちらの目も耳も、全ての五感が吸いつけられて離れなかった。

高峰秀子の言葉こそが、高峰だった。

生まれ持った鋭い感性が長い歳月をかけてさらに研磨され、人生で学んだ彼女の考え方や判断が、その芳醇《ほうじゅん》な感性に包まれて、言葉となって送りだされてきた。

完全にとは言わないが、ほぼ一字一句、私の前で発した〝高峰秀子の言葉〟を、私は覚えている。
そして高峰を失ってから、時間が経つごとに、日々、それが増えていく。
人間を理解していた。
それが、高峰秀子の言葉だった。

平成二十五年十一月末

あとがき　文庫化によせて

言葉はどこから出てくるのか？

本書には〝惹句〟になるような高峰の言葉を集めたが、それだけでなく、日常でふと返ってくる彼女の言葉もまた絶妙だった。

ある深夜、八十歳を過ぎた高峰が骨折して、救急車で運ばれ手術した。松山と私は術後の無事を見届けてその夜は帰宅することにした。病院の暗い駐車場で、少し離れた所にいるタクシーに乗り込もうと、松山の手をとって急ぎ足に向かった時、グギッというイヤな音がした。私は左足首を骨折した。

翌日、二人で病室を訪れると、私が松葉杖をついているのを見て、ベッドの高峰は目を丸くした。

「大好きなかあちゃんが右脚を骨折したから、私は左を骨折したの」

照れ隠しに言うと、高峰から返ってきたひと言が、

「余計なことしちゃったね」

これ以上妥当な言葉があるだろうか？

その後、松山の世話をしながら病院の高峰のもとに通った三か月の間、私はイヤというほど、その言葉が身に染みた。

松山家で夕食をご馳走になった後、高峰が私を見送ってくれた時だった。玄関外のガレージには金属の横格子《ごうし》がはまっている。その脇のドアを閉めた後、私は名残《なごり》を惜しんで、中にいる高峰に向かって格子の間から手を延ばして叫んだ、「かあちゃ〜ん」。

高峰がひと言、

「ギャビーッ」

わからない人にはわからない。

ある日、松山家の食卓で料理を待っていた私は、台所の高峰に向かってカウンター越しに言った、「あんまりお腹が空《す》いたから、かあちゃんのことが大きなニワトリに見えてきた」

台所から高峰が、

「黄金狂時代」

これも、わからない人にはわからない。

ある晩、私の知らない食材がテーブルに出た。

「何？　これ」

私が訊くと、高峰が煙草をくゆらせながら、

「ま、やってみな」

いなせである。

七十も半ばになった、もと大女優が言う言葉か。カッケーッ。

だから話が面白いのは当然だった。

「あんた、『覇王別姫《はおうべっき》』って映画、観たことある？」

ハワイの松山家で二人で話していた時だった。

「ううん、ない」

と、高峰はおもむろに語り始めた、

「昔、中国でね、一人の男の子が親に売られるんだよ。すると人買いが『この子の指は六本あるじゃないか』って値切ろうとした。するとその親は子供の手を台の上に置いたかと思うと、やおら傍にあったナタをつかんで、パーンっと子供の指を一本切り落とすんだよ」

キャー。私は心の中で叫んだ。

「やがてその子は年上の少年と知り合って、おニイちゃんとも慕って成長していくんだけど、そのおニイちゃんのことが好きになる（中略）でもおニイちゃんはある女の人を好きになってね。それを知った主人公の青年は、最後、剣を持って踊りながら、クッ、と自分の喉をかっ切る。いい映画だから観てごらん」

み、観てごらんって……。私は身体が固まっていた。

それを語っている時の高峰の眼。喉をかっ切ると言った時の、龍のようなその眼！仕草、声音……。私は一瞬も高峰の顔から目が離せず、物語を〝観て〟いた。

帰国後、ビデオを借りてきて「覇王別姫」を観たが、ハッキリ言って、高峰の語りのほうが面白かった。

ちなみに、その後、千葉の幕張で映画祭があり、高峰が功労賞を受けたのだが、壇上にいると、以下、高峰の話。

「背の低い、冴えない男が舞台に上ってきて、いきなり私の手を両手でつかむと、何か中国語でまくしたてるんだよ。なんだろう、この人って思ってたら、傍にいた女の人が、その人通訳だったんだね、『私は昔からあなたの大ファンで、あなたの映画は全部観ています。おめにかかれて本当に光栄です、と言っています』って。それ、レスリー・チャンだったの」

「え――ッ」

私は思わず声を上げた。

「映画観てるのに、わからなかったの？」

するど高峰は、

「だって映画の中と全然違うんだもん。髪はボサボサで背が小さいし、ほんとに冴えない男だったから、わからなかった」

その数年後、名優レスリー・チャンは、自殺する。

人が発する言葉は、どこから出てくるのか？　もちろん脳が指令を出すのだが、当然、端から無いものは出てこない。しかし所有している語彙が多ければよいというものではない。難解な言葉を知っていればよいというものでもない。学歴も関係ない。今、どの言葉を発するか。一体、その言葉の選択は思考回路のどこをどう動いて、最終的に口の外に出るのだろう？

そして選んだ言葉の出し方。つまり話し方。

高峰も好きだった「十二人の怒れる男」という名作映画がある。

父親殺しの容疑で逮捕された十八歳の少年を十二人の陪審員が裁く話だ。状況証拠から見てすぐに全員一致で有罪評決に達すると思えたが、ヘンリー・フォンダ扮する建築家だけが最初から無罪に投票する。「へそ曲がりっていうヤツはいるものだ」と他の陪審員に揶揄《やゆ》されながらも、彼は一つ一つの証拠を粘り強く検証していき、やがて一人、また一人と無罪に意見を変えていく。その時、たまりかねたように一人の老人が自論をがなりたてるように喋り始める。それは人種への偏見、スラム街に住む人間への蔑《さげす》みなど、あらゆる偏見に満ちた意見だった。すると陪審員たちは壁際の椅子へ、窓辺へと、次々に席を立ち、その老人に背を向ける。「聞いてくれ、あのガキは嘘つきだ、悪党だ、おい、わしの話を聞けよ……」、目の前の席にいた紳士に「やめたまえ。金輪際《こんりんざい》、あなたの話は聞きたくない」と言われ、老人は力なく席を離れ、隅の小さな机に向かう。席に戻った建築家が「どんな場合も個人的偏見抜きにものを考えるのは容易じゃありません」と語り始めると、皆が席に戻っていき、建築家の言葉に耳を傾けていくのだ。

テレビドラマだったこの作品を名匠シドニー・ルメットが映画化したのだが、このシーンは圧巻であり、言葉というものに内在する人間の根源的な問題を観る者に突きつける。

耳を傾けずにはいられない、目を離すことができない語り口と言葉。講釈師や俳優などが決められた台詞《せりふ》を語る時も当然だが、それが己《おのれ》独自の言葉となった時、その違いが極めて明確に表れるのだ。男であれ女であれ、何歳であれ、どんな職業の人であれ。

声高に多くを語っても人の心を動かさない人、静かなひと言が心を鷲摑《わしづか》みにする人、その違いはどこにあるのだろう？

私は高峰に出逢ってから、高峰が死んだ今でも、そのことを考える。

あの高峰秀子という人の言葉は、どこから来るのか──。

感性か？

「合ってる？」、死んで高峰に再会したら、訊いてみるつもりだ。

まもなく生誕百年を迎える母・高峰秀子に捧ぐ

令和五年　正月

単行本　二〇一四年一月　新潮社刊

DTP制作　エヴリ・シンク

文春文庫

高峰秀《たかみねひで》子《こ》の言葉《ことば》

定価はカバーに表示してあります

2023年3月10日　第1刷

著　者　斎《さい》藤《とう》明《あけ》美《み》
発行者　大沼貴之
発行所　株式会社　文藝春秋

東京都千代田区紀尾井町 3-23　〒102-8008
TEL　03・3265・1211㈹
文藝春秋ホームページ　http://www.bunshun.co.jp

落丁、乱丁本は、お手数ですが小社製作部宛お送り下さい。送料小社負担でお取替致します。

印刷製本・大日本印刷

Printed in Japan
ISBN978-4-16-792018-0

（　）内は解説者。品切の節はご容赦下さい。

田辺聖子
老いてこそ上機嫌
「80だろうが、90だろうが屁とも思っておらぬ」と豪語するお聖さんももうすぐ90歳。200を超える作品の中から厳選した、短くて面白くて心の奥に響く言葉ばかりを集めました。

た-3-54

立花　隆
死はこわくない
自殺、安楽死、脳死、臨死体験……。長きにわたり、生命の不思議をテーマとして追い続けてきた「知の巨人」が真正面から〈死〉に挑む。がん、心臓手術を乗り越え、到達した境地とは。

た-5-25

田中澄江
花の百名山
春の御前山で出会ったカタクリの大群落。身を伏せて確かめた早池峰の小さなチシマコザクラ――山と花をこよなく愛した著者が綴った珠玉のエッセイ。読売文学賞受賞作。（平尾隆弘）
た-14-5

高峰秀子
わたしの渡世日記（上下）
複雑な家庭環境、義母との確執、映画デビュー、青年・黒澤明との初恋など、波瀾の半生を常に明るく前向きに生きた著者が、ユーモアあふれる筆で綴った傑作自叙エッセイ。（沢木耕太郎）
た-37-2

高峰秀子
コットンが好き
飾り棚、手燭、真珠、浴衣、はんこ、腕時計、ダイヤモンド……。これまで共に生きてきた、かけ替えのない道具や小物たちとの思い出を、愛情たっぷりに綴った名エッセイ。待望の復刻版。

た-37-7

高山なおみ
帰ってから、お腹がすいてもいいようにと思ったのだ。
高山なおみが本格的な「料理家」になる途中のサナギのようなころの、落ち着かなさ、不安さえ見え隠れする淡い心持ちを綴ったエッセイ集。なにげない出来事が心を揺るがす。（原田郁子）
た-71-1

壇　蜜
壇蜜日記
賞味期限切れのソースで運試し。新聞を読めば、求人欄に目がいく。抱かれる予定はしばらくなし――。あの壇蜜が、文壇を驚愕させた流麗な文体で綴る「蜜」な日々！　文庫書下ろし。

た-92-1

壇蜜
壇蜜日記2
壇蜜三十四歳。仕事の励みは風呂上がりのアイス。事務所の後輩の女の子が妹だったらと妄想……そんな壇蜜的日常に新展開。――「抱かれた」。各界から絶賛の書下ろし日記第二弾。
た-92-2

壇蜜
泣くなら、ひとり
壇蜜日記3
寝起きの猫の匂いを愛し、見られてはマズイ画像を持っている人を心の中で数え、「私と春はどちらが図々しいだろう」と物思う……壇蜜のリアルがここに。初小説も収録の文庫オリジナル。
た-92-3

壇蜜
噂は噂
壇蜜日記4
「不条理の利用」を女子に説き、寿司屋の看板を見ては「寿司良いなぁ」と涙を流し、男の優しさの先にある苦くて甘い何かを時に齧りたくなる……これがまさかの読み納め!? 書下ろし。
た-92-4

田部井淳子
それでもわたしは山に登る
世界初の女性エベレスト登頂から40年。がんで余命宣告を受け治療を続けながらも常に前を向き、しびれる足で大好きな山に登りつづけた――惜しまれつつ急逝した登山家渾身の手記。
た-97-1

高野秀行
辺境メシ
ヤバそうだから食べてみた
カエルの子宮、猿の脳みそ、ゴリラ肉、胎盤餃子……。未知なる「珍食」を求めて、世界を東へ西へ。辺境探検の第一人者である著者が綴った、抱腹絶倒エッセイ！　（サラーム海上）
た-105-1

津村節子
果てなき便り
「節子、僕の許を離れるな！」便箋から浮かび上がる夫・吉村昭の決意、孤独、希望、愛。出会った若き日から亡くなるまで交わした書簡で辿る、夫婦作家慈しみの軌跡。　（梯　久美子）
つ-3-15

土屋賢二
われ笑う、ゆえにわれあり
愛ってなんぼのものか？　あなたも禁煙をやめられる、老化の楽しみ方、超好意的女性論序説などなど、人間について世界について徹底的に考察したお笑い哲学エッセイ。　（柴門ふみ）
つ-11-1

（　）内は解説者。品切の節はご容赦下さい。

土屋賢二
無理難題が多すぎる
何気ない日常にも哲学のヒントは隠れている。「妻になる！」と決心したり、「老人の生きる道」を模索したり、野球解説を考察したり――笑い溢れるエッセイ集。（西澤順一）
つ-11-23

中野孝次
ハラスのいた日々　増補版
一匹の柴犬を〝もうひとりの家族〟として、惜しみなく愛を注ぐ夫婦がいた。愛することの尊さと生きる歓びを、小さな生きものに教えられる、新田次郎文学賞に輝く感動の愛犬物語。
な-21-1

中野孝次
清貧の思想
日本はこれでいいのか？　豊かさの内実も問わず、経済第一とばかりひた走る日本人を立ち止まらせ、共感させた平成のベストセラー。富よりも価値の高いものとは何か？（内橋克人）
な-21-3

南木佳士
生きてるかい？
病床での思いがけぬ一言、軒下の朝顔、今は亡き懐かしい編集者、寒夜のぬる燗……医師で芥川賞作家の著者が、日々の営みの細部に宿る「人生の輝き」を滋味あふれる筆致で綴る随筆集。
な-26-21

南木佳士
山行記
芥川賞受賞の翌年に心身を病んだ作家兼医師が五十歳で山登りを始め、回復する過程をさわやかに綴った山エッセイ。その行程は浅間山から南北アルプスの高みまで。（市毛良枝）
な-26-23

中野　翠
あのころ、早稲田で
私の人生の中で最も思い出したくない日々だった。懐かしくも恥多き青春。早大闘争、社研……あの時代の空気が鮮やかに蘇る。同じ部室仲間の呉智英さんとの文庫化記念爆笑対談も必読。
な-27-14

中野　翠
ほいきた、トシヨリ生活
「おひとりさま」歴40年以上、いつもオシャレな人気コラムニストに学ぶ「人生の放課後」の愉しみ方。映画コラムでも知られる中野さんおススメの老人映画は必読必見！（玉川奈々福）
な-27-15

中島義道
孤独について　生きるのが困難な人々へ
戦う哲学者による凄絶なる半生記。誰からも理解されない偏った少年時代、混迷極まる青年時代、そして、孤独を磨き上げ、能動的孤独を選び取るまでの体験と思索。（南木佳士）
な-54-1

中野京子
運命の絵
命懸けの恋や英雄の葛藤を描いた絵画、画家の人生を変えた一枚……。「運命」をキーワードに名画の奥に潜む画家の息吹と人間ドラマに迫る。絵画は全てカラーで掲載。（竹下美佐）
な-58-8

中野京子
そして、すべては迷宮へ
『怖い絵』や『名画の謎』で絵画鑑賞に新たな視点を提示した著者は、芸術を、人を、どのように洞察するのか？　美しい絵画31点とともに綴る、ユーモアと刺激にあふれるエッセー集。
な-58-9

中村　元
水族館哲学　人生が変わる30館
廃館寸前の水族館を斬新な手法で蘇らせてきた水族館プロデューサーの著者。水族館について全てを知り尽くす著者が30館を紹介。オールカラー写真満載のユニークな水族館ガイド。
な-76-1

中川李枝子　絵・山脇百合子
本・子ども・絵本
「本は子どもに人生への希望と自信を与える」と信じる著者が絵本や児童書を紹介し、子どもへの向き合い方等アドヴァイスを綴る。『ぐりとぐら』の作者が贈る名エッセイ。（小川洋子）
な-80-1

七崎良輔
僕が夫に出会うまで
幼い頃から「普通じゃない」と言われ、苦しみ続けた良輔。片思いと嫉妬と失恋に傷つきながら、巡り会えたパートナーと幸せを摑むまでを描く愛と青春の自伝エッセイ。（ホラン千秋）
な-83-1

西　加奈子
ごはんぐるり
カイロの卵かけごはんの記憶、「アメちゃん選び」は大阪の遺伝子、ひとり寿司へ挑戦、夢は男子校寮母…幸せな食オンチの美味しオカしい食エッセイ。竹花いち子氏との対談収録。
に-22-4